中学化学教师专业发展

桂耀荣◎主编

中国出版集团　现代出版社

图书在版编目（CIP）数据

中学化学教师专业发展 / 桂耀荣主编. — 北京：
现代出版社，2023.6

ISBN 978-7-5231-0330-2

Ⅰ.①中… Ⅱ.①桂… Ⅲ.①中学化学课—师资培养
—研究 Ⅳ.①G633.82

中国国家版本馆CIP数据核字（2023）第084812号

中学化学教师专业发展

主　　编	桂耀荣	
责任编辑	吴永静	
出版发行	现代出版社	
地　　址	北京市安定门外安华里504号	
邮政编码	100011	
电　　话	010-64267325　64245264	
网　　址	www.1980xd.com	
印　　制	北京政采印刷服务有限公司	
开　　本	710mm×1000mm　1/16	
印　　张	15	
字　　数	275千字	
版　　次	2023年6月第1版　2023年6月第1次印刷	
书　　号	ISBN 978-7-5231-0330-2	
定　　价	58.00元	

编　委　会

主　编：桂耀荣

编　委：程　果　朱彩霞　林　娟　余淞发

　　　　吴红平　李　迪　陈丽珊

序 言

一、德育工作

自参加工作以来，我一直担任班主任工作，本着"构建教育共同体 提升班级凝聚力"的教育管理理念，每学年均获得优秀班主任荣誉称号。其中，2011—2017年所带班级（两届）共有10人考取北大清华，并绝大部分考取"985""211"大学；2017年来到深圳市盐田高级中学之后，一直担任盐田高级中学特优班的班主任，每个学期均获得校级优秀班主任荣誉称号；2020年获得盐田区优秀班主任荣誉称号。

二、教学工作

自参加工作以来，我担任备课组组长10余年，本着"以人为本，寓教于乐"的教学理念，一直担任2～4个班的高中化学教学任务，深受学生们喜欢，教学成绩突出。2016年以赣鄱名师的身份被《江西教育》杂志刊登在第十期封面。近几年来，在深圳市盐田区讲了两次公开课，每个学期在盐田高级中学开展1～2次校级公开课，均获得同行的高度赞许。

指导学生在全国高中学生化学竞赛（决赛）获得全国金牌2枚、全国银牌9枚，在全国高中学生化学竞赛（初赛）获得全国一等奖21人、全国二等奖16人、全国三等奖13人，两次担任江西省代表队领队，多次受到中国化学会和江西省化学化工学会的表彰，曾多年担任江西省高中化学奥林匹克竞赛省队培训专家。

三、教研工作

在高中化学课堂教学、课件、微课和命题等比赛活动中，我曾20余次获得省、市级奖项。其中，2015年"赣教杯"高中化学优秀教学课例展示活动获得一等奖（全省第二名），2019年获得深圳市高考模拟试题命题比赛一等奖。

在《化学教学》《中学化学教学参考》《化学教与学》等省级及以上期刊共发表论文20余篇，参编专著3本，并主编（或参编）16本教辅书，主持（或参与）5项省、市、区级课题。

2019—2020年三次被深圳市教育科学研究院聘为深圳市高三年级调研考试化学学科的命题人员。深圳市《新课标高中化学必修教学标准》编写的核心人员（副主编）。

四、助力他人

在各种场合开展了10余次省、市级公开讲座或公开课。2018年，受江西师范大学化学化工学院邀请，曾担任该院第四届专业学位研究生第四届学术月活动主讲教师。受广东省教育学会化学教学专业委员会邀请，在2019年全国卷高考化学二轮复习备课研讨会上做专题报告。2020年11月，在"江西省第十届中小学教师'班班通'教学资源应用成果展示活动"中担任评委。2021年4月，在深圳市宝安中学开展了主题教研——新高考背景下高三化学后期复习应对策略。

2011—2017年，在江西教师网开通了名师工作室——化学教育工作室。利用名师工作室，网络研修了2404名江西省高中化学教师。本人被江西省教育厅评为优秀指导教师。在江西省鹰潭市第一中学执教期间，指导了胡荣等多名青年教师，他们均成为市骨干教师。

2017年8月，到深圳市盐田高级中学工作以来，直接指导程果等青年教师，他们在教学、课题、论文、教学比赛和命题比赛等方面均硕果累累。

2020年11月，深圳市盐田区教育局认定成立"桂耀荣中学化学名师工作室"，作为工作室主持人，带领工作室成员开展课题研究，并在深圳市跨区（龙岗区和宝安区）开展同课异构研讨活动。

现今，为了更好地面向未来教育，服务于化学教学，利用教学之余，开通了微信公众号——化学教与学，供大家在工作与学习中参与。

桂耀荣

序言

前 言

习近平总书记多次强调课程教材要发挥培根铸魂、启智增慧的作用。随着《义务教育化学课程标准（2022年版）》和《普通高中化学课程标准（2017年版2020年修订）》的实施，为了更好地落实以化学学科核心素养为本的教育教学，新时代的教育教学对教师的班级管理、化学教学、化学教科研等方面的要求越来越高。

2020年11月，深圳市盐田高级中学化学桂耀荣名师工作室正式授牌。工作室建立的宗旨是面向未来教育，服务化学教学，发挥名师的引领、示范和辐射作用，带动骨干教师和青年教师快速成长，成为集教学、教科研、培训于一体的名师工作室。

本书力图体现代表性、实用性、示范性和原创性，能为化学教师"拿来"所用，特别适合刚入职及青年化学教师阅读，为他们的教学生涯发展指明方向、途径和方法。

本书共分为八章，分别为"班级管理""课堂教学""教学比赛""课题研究""论文写作""学生活动""助力他人""教学拾遗"，覆盖化学教师教学生涯成才之路。青年教师通过本书的学习，有助于他们少走弯路，快速成长、成才，并成长为省、市、区级名教师。

本书由深圳市盐田高级中学桂耀荣主编，参与编写的有深圳市盐田高级中学程果、朱彩霞和林娟，深圳市盐港中学余淞发和吴红平，深圳市盐田区实验学校李迪和陈丽珊。书中均注明了各位老师编写或整理的部分，未注明的少部分内容来自文献或网络整理，在此一并表示感谢原创者。

由于编写时间仓促，我们的水平有限，谬误之处在所难免。我们诚恳地希望各位老师在使用此书后能提出更多的宝贵意见和建议。

编者

2022年9月

目 录

第一章 班级管理

第二章 课堂教学

第三章　教学比赛

第四章　课题研究

第五章　论文写作

第六章　学生活动

第七章　助力他人

第八章　教学拾遗

第一章

班级管理

在教学生涯中，学校等教育行政部门一定会对班主任这项工作经历有一定的要求，例如深圳市教师在评聘职称时就需要有一定的班主任工作年限，这是一个硬性的指标。有人说未当过班主任的教师，他的教学生涯是不完美的。

本章主要从班级制度、班委组建和班级文化三个方面进行了详述，并在章末分享了本工作室教师编写的3篇班级管理经验方面的文章，分别为《构建教育共同体 提升班级凝聚力》《一枝独秀不是春，百花齐放春满园——浅谈中游生的教育问题》和《"虚拟薪资制"班级管理方法初探》。

第一节　班级制度

一、案例概况

随着学校的不断发展，学校的班主任队伍越来越年轻化。曾经有一位年轻班主任，大学刚毕业，学校安排他当一个平行班的班主任。刚开学，学校召开了全校班主任大会，指导新学期班主任工作，尤其强调了年轻班主任工作中应注意的一些事项，他一一记下来。他信心满满地投入班主任工作中，在班级管理中，暴露出了以下问题：第一，宿舍管理老师反馈，他所管理班级的部分学生不按学校规定搞好自己宿舍的卫生，不按时作息，熄灯后继续在床上聊天；第二，学生自主管理委员会检查他所管理班级的三操（课间操、眼保健操、大课间操）、晚自习纪律与卫生时经常扣分；第三，科任老师反馈学生的作业经常交不齐，总有一部分学生不能按时按质按量完成；第四，科任老师反馈上课纪律差，部分同学上课开小差；第五，同学们参与班级集体活动的积极性不高，例如运动会项目的报名总是相互推来推去。

他一个月时间起早贪黑，凡事亲力亲为，忙得焦头烂额，原本计划与学生打成一片，觉得不需要严格的班级制度，一样可以得到学生的认可，一样能做好班主任这份工作。结果所带班级的学风不浓，违纪学生多，问题学生多，班级管理比较混乱，该班在学校的各种评比中垫底；甚至开班会时学生会顶撞他，使他觉得很没面子，非常尴尬，在学生面前没有威信。

这时，他意识到班级规章制度的重要性，立刻根据自己的想法亲自制定了班级规章制度。在班会上公布该规章制度时，有少部分同学窃窃私语，不太满意。后来在执行过程中，由于有些规章制度可操作性弱，从而使得规章制度执行难，最终导致规章制度形同虚设。

总之，他的工作既没有干好，又被学生背后指责，最后还被家长投诉。

二、案例分析

（一）理论依据

1. 管理学理论

管理对于一个组织的发展成败至关重要，作为组织中的一种形式，学校在发展中也需要管理学理论的支持。管理是指一定组织中的管理者，通过实施计划、组织、领导、协调、控制等职能来协调他人的活动，使别人同自己一起实现既定目标的活动过程。管理是人类各种组织活动中最普通和最重要的一种活动。近百年来，人们把研究管理活动所形成的管理基本原理和方法，统称为管理学。作为一种知识体系，管理学是管理思想、管理原理、管理技能和方法的综合。随着管理实践的发展，管理学不断充实其内容，成为指导人们开展各种管理活动，有效达到管理目的的指南。管理学中有许多经典的管理理论可以运用于教育教学中。

"破窗效应"，利用班级规章制度规范学生行为。"破窗效应"：如果有人打破了一幢房屋的窗户玻璃，而这扇窗户又得不到及时的维修，其他人就可能收到某些暗示性的纵容指示，去打破更多的窗户。久而久之，这些破窗户就会给人造成一种无序的感觉。在这种公众麻木不仁的氛围中，违法活动就会滋生蔓延。"破窗效应"就是提醒要及时矫正和补救正在发生的问题，这在班级管理中有很重要的意义。这对班集体建设有着非常重要的借鉴意义，管理者应该"及时修复好打坏的窗户"，并且"严查第一个作案者"使之受到惩罚。建立高效的监管体系，做到"前车之覆，后车之鉴"。如果违反纪律的学生没有得到及时的惩罚，就如同一扇破窗户得不到及时的维修，导致会有更多的窗户被打破一样。如果对于学生所犯的错误能让他知道应付出的代价，他就不会无所顾忌地去干错事并且弘扬了正气，学生、班级、学校和社会都会从中受益。

"热炉原理"，建立健全班级规章制度。"热炉原理"：每个单位都应有规章制度，就像个火热的炉子。单位中的任何人触犯了规章制度都要受到惩处，就像热炉烫伤一样。班级管理从本质上来说就是制度管理，好的制度就如同"火炉"，它的作用表现在以下几个方面：第一，"火炉"温暖每个成员——班级制度必须具有广泛遵守性原则；第二，"火炉"是烫人的——班级制度必须有严格的奖惩措施；第三，碰"火炉"立即会受伤——班级制度必须有实效性；第四，"火炉"谁碰都受伤——班级制度必须具有公正、公平性。

"木桶原理"，构建班集体管理体系。"木桶原理"：一个木桶由多块木板箍成，而决定木桶最大容量的并不是最长的木板，相反却是其中最短的一块木板。在班级管理中制定切实有效的班级规章制度固然重要，但教育和监管也不能轻视甚至忽视。教育、制度、监管如同三角形的三条边，它们构成了一个统一体。在班级建设中，"三块木板"得同等重视，坚持三管齐下，不厚此薄彼。

2. 杜威教育理论

约翰·杜威（John Dewey）是美国20世纪著名的教育家、哲学家和心理学家。杜威对学校教育思想主要由"教育即生活""学校即社会""做中学"和"五步教学法"构成，这些理论批判了传统教育的理论体系，奠定了现代教育的理论基石。杜威的教育思想来源于实用主义哲学、机能心理学、社会进化论。在此基础上，他提出了这些教育理论，提倡教学中注重实验和活动，成为现代教育的代表人物。

杜威的"学校即社会"意在使学校成为一个适合儿童发展的雏形社会，这样的学校生活成为一种经过选择的社会生活。要实现这样的学校生活，就要将分科课程转变为活动课程。"学校即社会"是对"教育即生活"的进一步引申，活动性课程代表社会生活，它是让学校与社会生活相联系的中介。从"教育即生活"到"学校即社会"再到"做中学"是层层递进的。在"教育即生活""学校即社会"的观念中，杜威坚信社会进步和社会改革的基本方法是教育，只有完成教育的改造才能促进社会的改造，教育改造给社会生活带来了非常充分和明显的影响。杜威提出的"学校即社会"理论反对传统的学校，要求使学校生活社会化。

按照杜威的"学校即社会"原则，学校生活应该发展学生参与和维护多样的社会关系的能力，因此，班级规章制度对学生的道德成长也具有重要的意义。

"角色"是一个社会心理学概念，指社会角色。社会角色是指由人们的社会地位决定的、表现出符合社会期望的行为和态度的总模式。

一个人的自我角色定位非常重要，你把自己定位成什么角色，你就会自觉或不自觉地扮演这种角色。这也可以叫作自我暗示、自我角色引导。

班级是学校教育管理的基层单位，是学生体验生活的一个大家庭，是学生发展个性、施展才能、演绎人生的舞台，是学生成长的沃土。班级管理是指为保证班级教育、教学和班务活动达到预定目标而进行的计划、组织过程；是班主任按照一定的要求和原则，采取适当的方法，建构良好的班集体，为实现共同目标不断精心调整和协调的综合性活动；是班主任对所带班级学生的思想、品德、学习、生活、劳动、课外活动等工作的管理教育的活动。

以制度为准则，构建和谐班级。教师在建立班级制度时要让学生明白，制度的存在并不是为了限制他们，而是为了让他们在班级中能够更好地享受各种权利。许多时候，班主任不可能一直紧跟学生，更不可能管控学生的一举一动，这时，就需要班级管理制度来对学生的行为进行约束。在班级管理中，各项制度的建立不能完全由班主任代劳，而需要学生参与其中，这样构建的班级制度才更加具有可行性。在制度建立后，就要形成文字性的协议进行张贴，以使能够时时给学生以警示。在班级制度确立后，作为班级实际管理者的班主任更要践行制度中的规则，不能对班级中不同学生实施不同的待遇，这种行为只会让班级管理制度成为空文。总之，制度的建立是和谐班级建设的重要基础，作为班主任，更应引领学生学会按制度处理各种问题，真正做到有规可依，让学生在教学管理中能够享受公平的待遇，同时让班级学生能够对班级中的各项问题进行有效的监督。

意大利幼儿教育学家蒙台梭利认为："制度能够为教学提供一个良好的

环境，良好的环境利于学生身心成长，良好制度下的学习环境能够激发学生的潜在能力。"班主任在人文化管理和以德治班理念的指导下，合理制定班级制度，实现对学生科学化、人性化的管理，有利于提升班级的内驱力，让学生的学习与生活做到井然有序、自觉主动，促使班级形成强大凝聚力，从而真正实现"以生为本"的教育目标。

（二）实践依据

对于刚升入高中的学生而言，许多行为习惯、思维习惯还停留在初中的水平。他们的行为方式、思维习惯感性较强，缺乏理性。这时班主任应及时系统地、有计划地对学生进行行为规范教育，让学生知道自己在课堂、在生活区、在自习课、在与人交往中应做什么、应怎么做。

班主任是一个复合角色，只有一种或两种角色意识是不行的。要做好班主任，应该同时具备以下几种角色意识：教育型的管理者，学习指导者，学生的平等对话者，学习者，心理工作者和家庭教育指导者等。

有的班主任管理班级只是从自己已有的经验出发，缺乏在班级建设上的研究，班级制度制定不够民主，制定了班级制度后，没有认真执行或者可操作性弱，从而出现班级管理的随意性。

有效的班级管理方法是维护学校秩序、保证教学质量、实现教书育人目标的基本保障。合理有效的班级管理方法有着极其重要的作用，可以让学生很快地凝聚在班主任身边，可以让学生充分地发挥主人翁精神，可以让学生养成主动学习习惯，发展学生的自主性。有效的班级规章制度对于班集体建设至关重要。在班集体中，我们把班级全体成员共同认可并自觉遵守的那些规章制度、公约、纪律等为内容的行为准则称为班级制度。

班级制度建设应包括班级三年发展规划和班级管理两方面。前者是远景目标，通过三年的管理，学生在人格、品格、人生观、价值观、学识以及可持续发展方面应达到一个什么样的目标。班级管理制度是班主任在进行班级管理过程中制定的各种规章制度的总称。

班级管理制度简称"班规"，是班级建设中的关键内容。班级制度主要包括班级组织建设制度、班级日常管理制度和班级活动管理制度，用于对班级学生主体行为进行有效的约束，促进学生全面健康发展。

但从目前来看，很多班级的科学管理制度仍然未能建立起来，班级中所有日常管理，事无巨细，面面俱到，全都由班主任包办，始终无法摆脱"保姆式"的管理模式，不仅让班主任感到身心疲惫，学生也会产生强烈的抗拒感，以致班级管理成效较差。因此，构建科学的班级管理制度，有利于提高班级管理的有效性。

班级是学校教育组成的基本单位，是学生学习、生活和成长的重要场所。"无规矩不成方圆"，班级的正常运行离不开班级规章制度。在班级管理中，班级管理制度作为一种管理手段被普遍采用，与学生的学习和生活息息相关，对学生的成长有重要的影响作用。班级管理制度是对班级成员有指导与约束作用的行为规范，是班级成员明确行为所依据的价值标准。班级管理制度与《中小学生日常行为规范》《中小学生守则》相比更具可操作性和实践性。班级管理制度的制定，其目的是培养学生养成良好的习惯，建设文明和谐的班集体。

班级管理制度是班级管理的基本行为准则，因此需要班主任和学生根据学校制度、班级情况等共同制定。班规的内容不能以大量的文字呈现，语言必须简明扼要、条理清晰且易于操作，这样才能便于学生记忆、消化和执行。班级规章制度要遵循民主、平等和发展的原则，根据学校规章制度、学生的年龄特点、班级具体情况等方面来制定。

哈佛大学校长亨利·邓斯特曾说："让班规看守班级的一切，比让道德看守班级更完全有效。"构建规则是应有的意识前提，而制定科学、合理的规则，并对其严格执行，就是最好的规则意识教育。班规制定好之后，执行过程要做到具体化、平等化，做到"依规治班"，在落实班规的过程中，班主任要做到关注每一个学生，善于发现学生的变化，肯定进步的学生，引导有错误的学生及时改正，使班规的执行更加有效，从而促进班级的发展。

三、干预对策

班级是学校的基本组成单位，班级管理是学校德育工作的重中之重，班级管理的重点是育人，学生的管理离不开班级和班级制度。班级制度建设以提高全体学生素质为目的，保证教学工作的顺利进行和班级的安定团结，对班级管理具有引导、警示、纠正、约束等多项功能，加强制度建设，提升班级管理的内驱力，是一个班级是否能成为一个优秀集体的基本保障。

班级制度的建立要遵循民主、简单易行、有针对性的原则。第一，班级制度建设民主先行。可成立班规制定小组，成员为班干部和学生代表。在征询了班主任、任课教师和同学们的意见或建议后先草拟一份班规。在班级公开征询修改意见后试运行半个月。试运行过程中发现不足及时收集整理教师及同学们的修改意见，确定最终的班级规章制度。第二，在建立班级规章制度时一定要遵循简单易行、可操作的原则。如在《中小学生守则》中已明确的条例只需制定相关的量化加分或扣分标准，再根据不同的标准进行奖励或惩罚即可。可将小的违纪处罚权直接授权给班委会，以减轻班主任的工作量，同时又能够增强和锻炼学生自主管理能力。第三，班规的制定要因时而异、因班而异，要有一定的针对性。开学之初，班级还是一个松散的群体，此时，秩序最重要，要强化纪律、卫生制度的重要性，以增强学生的集体意识和班级的凝聚力。正式班委会建立后，要建立班干部任免制度、班委会工作制度、监督评价制度和奖惩制度等。当学生对学校、班级、老师都非常熟悉后要加强重大违纪处罚制度的建立，让学生明确利害关系，及时悬崖勒马。步入高三时要强化班级学习氛围的建设，多设立激励制度，以形成公平竞争、比学赶超的班风。

班规制定后要公平公正地执行，并做好监督。第一，虽然有班规，但仍要把问题尽量消灭在萌芽期，预防重于事后惩罚。班规不是用来惩罚学生的，而是用来警示的。将班规张贴于醒目位置，经常提醒学生班规的存在和它的利害关系，平时仍要善于观察学生，及时发现问题并解决问题，晓之以理，动之以情。第二，班规执行中要大声表扬、公开表扬，小声批评、私下批评。班规内容要以奖励、鼓励为主，适度惩罚。恰如其分的表扬，可调动学生的积极性，增强其自尊心和自信心。当批评别人时，要心平气和、内心平静、理智清醒，从而让对方产生心理共鸣，让对方真切地感受到关心、爱护和帮助。第三，班规和班里的每一个同学都有着密切的关系，落实过程一定要公开透明，随时接受大家的监督。班规执行过程中对事不对人，在班规面前人人平等。当然，在兼顾公平的同时还要考虑到个体差异。我们面对的教育对象是有思想、有情感的活生生的人，所以在执行各种规则过程中我们还需要考虑到个体差异，因材施教。第四，总结及时、反馈到位、按时调整。班规执行时要安排专门的学生统计、执行、监督。为避免时间久了懈怠和不公平的情况出现，可安排值日班长轮流负责或小组轮流负责执行。奖惩明确原因，及时公布处理结果。捷克著名教育学家夸美纽斯曾说："用语言、事物表扬，用警告、训斥、惩罚及对特殊的个别的过错采用体罚，以有教益的惩罚制度，即'持以诚恳的态度，以坦白为目的'，使他理解这样做是对他有好处的，正如吃苦药治病一样。"班级制度建立的最终目的就是要使学生朝着健康有序的方向发展，以达到育人的目的。

开学初，极个别学生出现迟到现象。本着尊重学生的原则，班主任多数时候都是提示几句就了事。但是渐渐地，迟到的学生变得越来越多，甚至住宿生出现了迟到的现象。而且班级的保洁区打扫、班级的自习课纪律等方面也出现了异常。其实这就是管理学上的"破窗效应"活生生的写照。

"木桶原理"也提示我们，在关注班级整体发展的时候，不要一味地抓学优生，其实很多时候决定班级好坏的是能否转化班级的潜能生。在班集体建设这样的一个大木桶中，整体氛围的决定权其实在这些学生身上。甚至可以说转化好了潜能生，班集体建设就成功了一大半。所以在班集体建设中，我们不能忽视潜能生，相反更应该多花时间在他们的思想转换和行为习惯的改变上。

案例中的这位年轻班主任在与多位有经验的班主任交流之后，他首先和班委成员共同商讨制定适合本班的相关规章制度和违反班规处罚暨奖励条例，然后让每个学生参与，广泛听取意见，经全体学生讨论决定并投票表决通过。由学生管理学生，班主任加强监督。班级规章制度内容涉及感恩、迟到、学习、课堂、集会、作业、宿舍和仪容仪表等方面，与此配套的违反班规处罚暨奖励条例内容涉及迟到、课堂、作业、卫生、自习、集会、宿舍、

第一章　班级管理

学习奖励和行为奖励等方面，各方面的表现都公开、公正，数字化体现在学生自治自理统计表上，每周班会课公布上周结果，这份统计表在学生评先评优中占一定比例，并与学生的期中和期末成绩共同决定最后的得分，得分是学生评先评优候选人的唯一依据，学期结束全体学生给候选人投票，得分和得票各占一定比例，最终确定本学期优秀学生名单。

四、进展效果

后来，案例中的新班主任找到我，请教该如何管理这个班级，我就从班级制度的制定、班委的选择、科代表的选择、惩戒违纪学生到家校合作等方面手把手教。

班级在建立之初致力于班级制度的制定。班主任发动班级的所有学生积极参与到制度的建立中来，集思广益。最后由班委从中精心挑选，班会课上组织全班投票表决。经过这样的过程，学生对制度的认可度相对比较高。在班级制度建设中，基于学生实际情况制定具有约束学生行为的制度，才能够让学生愿意接受。比如，制度规则的具体、明确、可量化、便于执行、不空泛模糊，同时考虑到班级具体场景的特点以及制度的发展性问题，进行适时改进和完善。

从规章制度在班会课上通过之日起，就以班级公约的形式颁布实施。之后一有学生出现违规行为，那就严格按照制度中的相关条款进行处理。成立之初的严格执行，会让学生对制度产生敬畏。

班级学生有违规行为出现时，及时果断处理。在犯错之初学生会有羞耻感和紧张感，这些感受有一定的时效性。过了一定的时间后，他们的这些感受会慢慢地淡化进而认为自己的行为比较合理。对此要及时处理，让班级学生感受制度"火炉"一触碰就会"烫手"。

制度的建立和执行必须具有公平的原则，即使平时表现较好的"得力助手"犯错，也必须一视同仁。制度面前人人平等，没有特殊阶级。一旦出现特例，那么制度的后续执行将会困难重重。

最后该班经过接下来三个月的不断实践，班级的班风班貌得到了很大的改观，各种违纪的学生也少了很多。

五、总结反思

班级管理制度既要切合学校、班级的实际，又要服务于班级发展规划。班级制度建设要全面，具有可操作性，不能流于形式；制定制度要遵循民主、公开原则，制定班级管理制度时要全员参与；制度建设坚持奖惩结合，如果制度只有约束、惩罚而没有奖励措施，学生在遵守制度时就会缺乏自主性和积极性；执行制度时要人性化，制度一旦通过，就要不折不扣地执行，但在执行的过程中，不能让学生感觉到冰冷冷的，应该让学生感觉到浓浓的人情味。

班级制度建设可以实现学生自我管理，增强学生的责任意识，提高班级管理水平，转变班主任的角色（从单纯的教育管理者，转变为参与者、提倡者、协商者）。

民主制定班规，实行量化管理。为了严肃班纪、端正班风，创造一个优美的学习、生活环境，使学生养成良好的行为习惯，完成学校交给的各项任务，实现班级奋斗目标，没有一整套班级规章制度是不行的，我一直坚持"以规治班"，充分利用黑板报、集体活动，对本班量化管理进行民主讨论，根据学校要求实行量化考核，每生每学期的基础分为100分，违反班规的进行扣分和符合奖励的进行奖分的综合考核，并实行每周一小结、每月一评比的制度，月底按本班人数的四分之一从高到低确定优秀学生和三好学生，并利用黑板、微信平台、班级白板等形式进行表扬，学期末按一学期的总分，从高到低，选出三好学生、优秀班干部、模范团员，并颁发奖状和奖品。注意在考核中必须坚持公平原则，只有公平、公正才有说服力、竞争力，同时要注意多方面引导，多表扬、少批评，对表现较落后的学生，应多鼓励、多谈心，找出他们的"闪光点"，增强他们前进的信心。实践证明民主制定班规，实行量化管理，既能使学生充分发挥个性、特长，也能全面提高教学质量。

总之，班主任工作是繁重的，也是富有成就感的。我们可以通过制定完善的班级管理制度，转变观念，转换自己的角色，淡化"管理者"意识，

第一章 班级管理

大胆地让学生去摸索，让学生从管理者的角色中学会管理他人、学会自我管理，从而使自己的班主任工作能轻松、有序且高质量地开展。

参考文献：

［1］任玮.班集体建设中的管理学原理［J］.现代职业教育，2017（33）：260.

［2］周霄霜.杜威与陶行知教育观点的比较［J］.现代教育科学，2015（1）：27-28.

［3］王晓春.做一个专业的班主任［M］.上海：华东师范大学出版社，2008.

［4］赵详麟，王承绪.杜威教育论著选［M］.上海：华东师范大学出版社，1981.

［5］张振原.现代学校管理［M］.长沙：湖南师范大学出版社，1991.

［6］方明.陶行知全集·第一卷［M］.成都：四川教育出版社，2005.

［7］方明.陶行知全集·第二卷［M］.成都：四川教育出版社，2005.

［8］方明.陶行知全集·第三卷［M］.成都：四川教育出版社，2005.

［9］杨善林.企业管理学［M］.北京：高等教育出版社，2004.

（深圳市盐田高级中学　桂耀荣）

第二节 班委组建

一、案例概况

随着学校的不断发展壮大，很多学校尤其是新学校的班主任队伍越来越年轻化，有一位教师刚入职不久，根据学校的安排，担任班主任工作。由于刚开学，学校各项工作都需要正常开展，他为了保证各项工作开展（例如卫生检查、纪律检查、作业收集、各种活动），未仔细观察学生，未经班干部选举，直接指定某些同学担任班干部，使得新成立的班委会失去群众基础。有部分同学纷纷议论："他凭什么当班委？他的能力还不如我，我凭什么听他的？""班主任不公平……"有些学生能力比班委成员的能力强，班委成员组织活动时，他会故意提出意见，和班委成员对着干。后来在班级日常管理和班级活动中，班干部指挥不动本班学生参加一些课外活动。班委会的成员仗着自己是班干部，是班级的权力的象征，认为自己说的话其他同学必须听，自己做的事其他同学也必须支持和欢迎。个别班干部带头违纪，导致班干部在班级管理中没有威信，班主任事事都要亲力亲为才能正常开展日常管理和班级活动。

例如，有一个班级纪律委员，利用自己手中的权力，随意登记部分轻微违纪学生的名单，而严重违纪的学生因为跟他关系好而不登记，这件事情引起了部分学生不满，纷纷向班主任告状，状告他执法不公。又如，有一名班干部在自习课时，叫别的同学安静下来，自己转头就跟同桌讲话，班上学生不服，在后期的班委工作方面投票时，得票非常低。还有个别班干部，形同虚设，从不积极主动协助班主任或者科任老师管理班级，任由班级违纪同学继续违纪。

后来，该年轻班主任意识到直接任命班委的缺点，于是班主任完全放开，让同学们自己选举班委，有些学生为了当上班委成员，拉关系，找一些和自己关系好的同学，在投票时选他。而有些学生自己没有主见，人云亦云，别人选谁，他也选谁。完全民主选举出来的班委也同样存在不足，班级同学对部分班委也不服气。

年轻的班主任看看身边其他班主任，有的工作很轻松，很受学生喜欢，而自己却忙得不可开交，班干部不给力，学生不听话，感到无所适从。最终，这个班无论是在学习成绩上还是在课外活动评比中，成绩都垫底，在期末学生评教时，学生给班主任的评价也比较差。

二、案例分析

（一）理论依据

1. 马斯洛需求层次理论

马斯洛需求层次理论由美国心理学家亚伯拉罕·马斯洛于1943年提出，该理论把人的需求划分为五个层次：生理需要、安全需要、社会需要（友爱和归属的需要）、尊重需要和自我实现需要。这五种需求以金字塔形式从低级到高级排列，人们按照上述层次逐级追求自身需求的满足，并从中受到激励。该理论的产生有两个基本前提：①行为是由动机引起的，动机起源于人的需求。②人的需求是以层次的形式出现的。

马斯洛认为刺激和需要是个体产生动机的原因，当个体处于缺乏某种东西的状态时，那么该个体就处于需要的一种状态，这种需要可能是爱，也可能是食物。马斯洛认为需要可以分为生理、安全、爱、尊重和自我实现五个层次，其中生理需要处于底层，个体只有在生理需要得到满足之后才会产生安全需要，同样的只有个体在安全需要得到满足之后才会产生爱的需要，需要层次越高则越不容易得到满足。

当下"00后"学生生活在信息爆炸的时代，他们所接触到的人、事物、观念等信息复杂、瞬息万变，这导致他们具有自我意识显著、个性、好奇心强、承受挫折能力弱、缺少毅力和韧劲的特点。基于对"00后"性格特点的分析，他们的需求主要表现为既需要得到物质上的鼓励和满足，又需要得到精神上的认可。

该理论在班委组建过程中提供了重要的理论依据。班委建设要以学生为本，引导学生养成合理的、健康的"需要"，在尊重学生的基础上，构建和谐的班级集体，培养学生健康的品质，通过班委建设来促进学生的自我发展。

马斯洛需求层次理论把学生个人需求作为立足点，从物质、情感、荣誉、竞赛四个维度构建"四维一体"学业激励途径。物质激励法：物质需求是人类的第一需求，也是基本需求，归于马斯洛的第一、第二层次需求。但值得注意的是在物质激励法运用中，必须防止走极端，不能标榜"物质至上"，以免学生陷入"向钱看"的误区。情感激励法：情感是影响人们行为最直接的因素之一，任何人都有渴求各种情绪的需求，可以归于马斯洛的社交和尊重需求。荣誉激励法：荣誉需求可以归于马斯洛的尊重和自我实现的需求。所谓荣誉激励法就是通过荣誉给予的方式对学生学业进行激励。竞赛激励法也可以称为鲇鱼激励法：正所谓有压力就有动力，通过竞赛的方式增加中学生学习压力，激发内在潜能，产生惊人的力量。

2. 加德纳多元智能理论

1983年，美国教育心理学家霍华德·加德纳提出了多元智能理论，他认为智力是一种能力，是在某种文化环境或社会环境下，个体在遇到难题时运用自己的智慧创造出有效产品的一种能力。作为个体，应该具备多种智力，例如：自我认知、人际交往、身体、空间、语言等智力。多元智力理论认为人的智力是多元的，是一组能力而不是一种能力，各种能力是以相对独立的形式存在而不是以整合的形式存在。而现代社会是需要各种人才的时代，这就要求教育必须在促进每个学生各种智力的全面发展的同时，让个性得到充分的发展和张扬。

该理论是班委建设的重要理论基础，每个学生都有优点，在班委建设中，班主任要引导学生发现自己的优点，并且逐渐把自己的优点发展成自己的能力。提高学生成绩固然重要，但是促进学生个性化发展，培养学生的能力也十分重要，班委建设正好为学生的个性化发展和发展能力提供了广阔的空间。

自主性是人作为主体的根本属性。自主发展是指能管理自己的学习和生活，认识和发现自我价值，发掘自身潜力，以应对复杂多变的环境。让学生在不同的岗位锻炼自身能力的同时也发掘了自身的潜力，从而有助于更全面、更客观地认识自己。

（二）实践依据

现阶段高中班级管理中的普遍类型：第一，家长式管理。现阶段，很多高中班主任在班级管理中占据着绝对的主导地位，班主任通常会管理班级学生日常学习与生活的一切，一般对学生事务的处理，是以全面树立自身的权威来开展的。倘若学生提出相关的异议，往往会被认定为不服从管理的行为，而直接受到惩处。如此的班级管理方式，也导致教师与学生之间匮乏民主、平等与合作。第二，管理式管理。高中班主任通常是由"考勤"等方式来要求自身，很多班级管理工作都通过事必躬亲的方式来开展，如此不管是时间还是空间方面，都将自身完全投入了烦琐事务较多的班级管理之中，让班主任往往没有足够的精力来把控班级整体的发展局势，更没有充沛的精力来革新相关的理念。学生与任课教师之间其本质上是互为影响的关系，此种管理模式下的学生在平时的生活与学习中，则势必会逐步地丢掉革新意识。第三，保姆式管理。高中班主任在大部分学生中的角色定位，就如同保姆一般。高中班主任对所有学生的学习与生活情况都需要密切关心，并且为所有学生创建有针对性的学习方案。此种看似较为无私的精神，也易导致学生在班主任的悉心呵护下，其自我独立意识会进一步地降低，倘若在日常学习过程中出现与原定计划有偏差的情况，则无法进行有针对性的个人调整。第四，封闭式管理。将学生封闭在课堂以及家中等相对较小的范围中，无法让高中生更有效地参与课外的多样化活动，为了保障学生学习的注意力集中，甚至会刻意规避学生去参与相关的课外活动。如此相对封闭化的管理模式，也让学生与社会出现了相对脱节的情况，这无疑在很大程度上影响着学生思想的发展，对于其是非判别能力的养成也带来了很大的阻碍。上述四种模式，无论哪一种，班级管理仍然存在着"管理主义"倾向，具体表现为班主任的话语霸权、活动主宰，甚至热衷于规则与惩罚等，班主任都非常辛苦、吃力不讨好，学生在班级生活中逐渐失去了主体性、精神性和伦理性，学生体会不到个体存在的价值，找不到心灵的归宿，忽略了培养学生的独立学习与生活的能力以及自我管理意识。如果建立一个优秀的班委，就既可以减轻班主任的工作负担，又可以给予学生更多的自主权及锻炼班干部的管理能力。

班主任是学校班级管理的核心人物，是学校教育的顶梁柱。班主任的主要工作不是管束学生，而是引导学生如何去管好自己和管理班级，只有发挥全体学生的力量和智慧，整个班级才会强大起来，班级管理工作成效才会提高。班主任工作主要是三大块——班风建设、班级日常管理、问题学生诊疗。班级日常管理耗费班主任精力最大，这几乎是一个无底洞，任你有多少精力，也不足以应付联翩而至的学校检查评比和纷至沓来的班级琐事。

班主任与其说是教育者，不如说是班级管理员，或者"维持会长"，或者"救火队员"。这不但扭曲了教育、异化了教育，而且极大地降低了管理本身的效率。班主任感觉自己只是在简单劳作和做重复动作，缺乏新鲜感，缺乏成就感，心中充满倦怠、焦虑、疲惫和无奈。

有的班主任可能会认为，班委有什么好组建的？直接任命即可。张三当班长，李四当学习委员，他们做不好本职工作的话，撤职再重新任命其他同学。

班委是班级（学生）委员会的简称，由班干部组成，是协助班主任开展班级工作的得力助手，在学生中起到带头、模范和管理的作用。高中学生不同于小学初中，高中生自主管理能力增强，所以高中班级的班委组建非常重要，好的班委能够高质量推进班级管理工作，助力形成良好的班风、学风、班级文化，让整个班级在同类班级中脱颖而出。因此，班委组建的问题是高一新生入校时班主任需要重点考虑的问题。

班级管理是学校管理的重要组成部分，是学校教育中的关键因素。学校工作计划的实施，管理活动的开展，乃至国家教育方针的贯彻，都要依靠班级管理来实施，班级管理的好坏，直接关系到整个学校教育质量。班委会是班级的核心，也是班级常规管理和开展活动的骨干，他们是领导全班同学共同进步、贯彻执行学校和班主任指令的桥梁，因此建立班委会必须审慎。

班委组建不容易，既考验班主任的眼力，也考验班主任的培养能力，其实考验的就是班主任的班级管理能力。

在管理班级的过程中，班主任要提高自己的管理能力，灵活运用自己的管理经验，建立积极、健康、向上、团结、奋进的班委，让学生从内心深处尊重你。只有这样，学生才会听从班主任和班委的指挥，听从班委的安排，课内认真学习，课外积极参加学校和班级组织的各种活动和竞赛，积极为班级建言献策，共同维护班级的荣誉，心往一处想，劲往一处使，使整个班级的班风、班貌焕然一新，让班级走上积极向上的健康发展之路。

班干部培养，是彰显班主任能力的一个缩影，也是教育学生的一个重要途径。组建一个高效务实的班委团队，是班主任带领班级走上正规化管理途径的一剂良药。班委会是班主任和科任老师做好班级各项工作的有力助手。建立一个勤奋学习、团结友爱、凝聚力强的班集体，必须要组建好班级的领导核心。

三、干预对策

班主任接手新的班级，教师和学生之间、学生和学生之间非常陌生，这就需要教师独具慧眼、发掘人才。

案例中的新班主任找到我，问我如何组建班委，我对他的建议如下：开学报到后，班主任给每个学生建立个人档案，内容涉及学生个人的详细信息、家庭主要成员的信息、学生曾获荣誉、爱好优点、曾任职务、期望职务等。个人档案为后期学校收集相关信息和班主任了解学生、组建班委和科代表做准备工作。班委主要负责班级的轮流值日和协助班主任制定班级公约等工作，科代表负责学生与科任老师之间的沟通与交流。

中医的"望闻问切"对于班委的组建同样适用。这里的"望"即密切观察班里的每个学生，做到眼观六路。开学第一课，让学生填写个人档案，之后几天拿到学生资料，逐一翻阅，了解学生基本情况，然后逐一在学习和生活中观察。"闻"即善于倾听来自各方面的信息，做到耳听八方。通过与学生的交往，听他们述说各自的"历史"，是新班主任了解学生的重要途径。"问"即多询问、打探重点对象是否曾经当过班干部，也可以直接找他们交谈，听他们说说如何管理班级，如何协调教师和学生之间的关系。"切"则是指还在临时班委会时，在具体工作中考验重点对象能否胜任班委工作，在学生中是否能赢得认可，办事是否能考虑集体和整体利益，是否有责任心，任劳任怨等，为以后正式班委的确立做好准备。

"公平、公正、公开"的竞选原则。当班主任工作对学生的基本情况都掌握之后，也就心中有数、胸有成竹了。这时，就可利用班会课，通过竞选选出优秀者担任班干部。在竞选过程中，必须坚持"公平、公正、公开"。"公平"是让学生有机会充分展示自己，而"公正"则是指班主任确立人选时的原则，"公开"是公开选人标准、公开选举程序，树立威信。只有遵循"公平、公正、公开"的原则竞选出来的班干部，才能使学生心服口服，这更有利于班级各项工作的开展。

通过先民主后集中的原则组建了班委，班干部走马上任，学生往往用挑剔或期望的目光时刻注意班干部们的一举一动、一言一行。这就需要班主任的指导和扶助，帮助班干部做好克服困难的准备，并使其在管理能力和工作方法上有所提高，尽快树立起班干部在班集体中的威信、号召力和影响力。

一个班级的好坏，与班委会成员的习惯息息相关。班主任可以通过各种形式的培训，让班委会成员养成良好的行为习惯。班委会成员有了一个良好的习惯，举手投足之间尽显文明风貌，其他学生才可能学习他们，并以良好的习惯为荣、以不良习气为耻。

班委组建后，班主任还要注重培养班干部的工作能力，经常召开班委会议，总结前段时间班级工作的得失，协商安排后面的班级工作任务。通过召开班委会，指导他们如何做好这些工作，如何制订班级工作计划，如何开展并顺利完成计划等。同时，班主任要指导班委成员，当学生之间产生矛盾

19

时，班委成员如何根据学生的口头描述来分辨是非，当发现班级中有不良行为时如何及时阻止同学中的不良行为。

四、进展效果

在笔者的建议下，新班主任在第二学期利用开学一周的课外时间和晚自习时间，将学生一一找出来谈话（内容涉及学习成绩、兴趣爱好、特长、与同学相处、曾任职务、希望担任的职务等方面），并做记录。然后他激励学生积极参与班委的选举和被选举工作，利用班会课，让被选举的学生参与竞职演讲，然后由同学投票，有些职务没有学生参加竞选，就采取他人推荐或者根据学生以前担任过的班级工作，鼓励他们参与班委竞选，使组建班委的工作顺利开展。

班委产生之后，班主任协调班委成员，及时组织召开班委会，认真分析和总结前段时间以来，哪些工作干得比较出色，哪些工作得到了学校领导的表扬和肯定，哪些工作没有做到位，还需要改进和提高，等等。另外学校的工作任务繁多，每周、每天会有许多任务需要各个班级去完成，甚至还有临时性的工作任务，班主任根据学校工作计划的安排、年级工作计划的安排和班级工作计划的安排，把下一阶段需要完成的任务，特别是本周内需要完成的任务，利用周一的班会课做好安排和统筹，把每项任务安排到人、具体到人，让每个班委成员和每个同学心中有数，以便任务的顺利完成。

新班主任也非常积极地关注班干部的学习与生活习惯，及时帮助他们改正自身在学习和生活中的缺点，为班级同学树立榜样，帮助班干部树立威信。班主任信任并授权班干部独立管理班级，班干部的管理能力得到了一定程度的提高，班级的凝聚力也得到了提高，最终该班在学习、课外活动和各种评比等方面均取得了理想的成绩。

五、总结反思

班主任工作千头万绪，靠班主任单枪匹马，想把几十个生龙活虎、个性各异的高中生管理好，那是很难的。因此，建立一支高素质、强有力的班干部队伍，是极其重要的。班干部是班集体的领导核心，是联系老师与同学的桥梁，班干部素质的高低直接影响着整个班级的发展，班干部对学生的影响有着班主任不可替代的作用。

组建班委会是一门学问和艺术，必须经过深思熟虑，并认真对待。通过亲身实践证明，要想建立高效务实的班委团队，应该遵循三个基本原则。

1. 充分体现班级管理的民主性

班干部对班集体有着"以点带面"和"以面带面"的作用，我称他们是"班主任的小助手"。班主任只有慎重地选拔和培养班干部队伍，班主任的工作才能逐渐从繁重走向简单与轻松。当选的班干部应具有较强的号召力和自我管理能力。在组建班委的过程中，无论是班委候选人的物色，还是班委人选的最后确定，作为班主任，应该广泛听取学生的建议，充分发挥民主，让学生积极推选能团结同学、办事认真、关心集体、乐于奉献的积极分子参与班级管理工作。不要凭着自己的主观意志独断专行，视班里学生意见于不顾，妄下结论。在没有全面了解的基础上，直接任命自己喜欢的学生担任班委要职。这样既会伤害师生之间的感情，使学生对老师的信任度降低，又不便于新班委开展工作，还使其他学生和班委之间产生隔阂，影响班级团结。

2. 教育与锻炼相兼的原则

班委组建后，班主任要帮助班干部树立威信，并不断提高他们的独立工作能力，要对班干部充分信任，尊重他们的意见或建议。班干部培养，是彰显班主任能力的一个缩影，也是教育学生的一个重要途径。班干部队伍的组建不能仅仅作为一种形式存在，班主任必须精心培养：其一，要利用各种机会适时地在集体中赞美班干部的榜样作用，肯定他们的工作成效，这既是班干部成长的催化剂，又有利于他们在同学中树立威信，并支持班干部的管理工作。当他们在管理上遇到实际困难时，班主任及时给予支持，这是对他们最大的鼓励，同时也可以用班会、谈心等方式，缓解班干部的压力，必要时给他们打气，帮助其恢复自信，树立威信。事实证明，有威信的班干部工作起来往往事半功倍，更有成效。其二，在鼓励班干部大胆工作，指点他们工作方法的同时，要更严格地要求班干部个人在知识、能力上取得更大进步，

第一章 班级管理

在纪律上以身作则，力求从各方面给全班起到模范、带头作用。其三，培养班干部团结与协作的精神，要能够通过班干部这个小集体建立积极、健康的舆论氛围，带动整个班集体开展批评与自我批评，形成集体的组织性、纪律性和进取心，从而增强班级的凝聚力。其四，我们应以班委组建为契机，强化学生的服务意识和学习锻炼意识的教育。其五，要培养学生换位思考的习惯。假如自己是班干部，应该怎样处理职务范围内的工作问题？怎样使其他同学配合自己的工作？当别人是班干部时，自己又怎样以一种主人翁的态度参与班级管理，怎样配合别人开展工作？当他们学会换位思考后，在日常学习生活中，既能体谅其他班干部工作的难处，又能锻炼自己严于律己、宽以待人的合作意识。

3. 关心爱护与严格要求相结合，做到恩威并施

班干部在学习之余，还要承担一定的学校和班级的工作。他们的负担比一般同学要重许多，压力可想而知。班主任应给予他们更多的关心、呵护与支持。这些班干部，既是班级里的得力干将，又是我们管理班级开展各项工作的左膀右臂，他们在班里起着举足轻重的作用。他们开展工作的力量源泉，大部分来自班主任老师的鼓励与关爱。班主任要帮助他们处理好学习与班级工作的关系，要帮助他们在同学中树立威信，并引导其他同学去理解和体谅班干部的难处与良苦用心。但是，对他们的缺点、错误，既不能迁就也不能简单地指责批评。有些班干部在开展工作时，不注重方法，一副高高在上、唯我独尊的样子。这样，他们的威信在同学心目中就大打折扣了，也就失信于"民"了，搞不好同学们会怨声载道，进而将矛头直指班主任用人不善。

在班级管理中，班干部得力与否是班主任搞好班务工作的关键，班干部的作用发挥得如何，很大程度上取决于班主任对他们的培养。作为班主任，组建并培养一批优秀的班干部成员，不仅锻炼了班干部的能力，促进了班务管理工作和教学工作，而且使学生们的身心在和谐的班级氛围中健康成长。

参考文献：

［1］单春林.基于马斯洛需求层次理论的激励路径实践［J］.电子技术，2020（9）：124-125.

［2］王翠翠.高中班级文化建设的现状与对策研究［D］.延边：延边大学，2018.

［3］亚伯拉罕·马斯洛.动机与人格［M］.许金声，译.北京：中国人民大学出版社，2013.

［4］亚伯拉罕·马斯洛.存在心理学探索［M］.李文湉，译.昆明：云南人民出版社，1987.

［5］亚伯拉罕·马斯洛.人性能达到的境界［M］.曹晓慧，张向军，译.北京：世界图书出版有限公司，2019.

［6］霍华德·加德纳.多元智能［M］.沈致隆，译.北京：新华出版社，1999.

（深圳市盐田高级中学　桂耀荣）

第一章　班级管理

第三节 班级文化

班级文化是班主任利用和创设班级的精神氛围、文化制度、文化关系、文化环境等来熏陶和培育学生文化人格的影响活动。需要强调的是：班级文化不是一种刚性的、粗暴的、说教的固定模式，而是一种温和的、有情意的（指风气与氛围）制度、关系和环境的综合文化。

简言之，班级文化就是班级内部形成的独特的价值观、共同思想、作风与行为准则的总和，是班级师生共同创造的精神财富，是校园文化的重要组成部分，也是形成班级凝聚力和良好班风的必备条件，渗透在班级一切活动中。班级文化的核心是教师与多数学生处世及做事的潜在观念和内隐规矩。班级文化犹如一只看不见的手，时时处处都对周围的人产生着影响。任何一个班级中的任何一个成员都不可避免地会受到班级精神环境的影响，这个环境就是学生生活的精神环境。为此，班级文化的本质就是班级中以价值观为核心的精神环境。

班级文化可以从不同角度去分析其结构：班级文化按与社会要求的吻合度分为制度文化和非制度文化；班级文化按班级成员的集中程度分为综合型文化和离散型文化；班级文化按对象分为教师文化和学生文化；班级文化按显性和隐性分为显性文化和隐性文化；班级文化按文化形态分为物质文化、精神文化和制度文化。

一、班级文化的意义

《荀子·劝学》："蓬生麻中，不扶而直，白沙在涅，与之俱黑。"班级文化是班级精神面貌、学生思想状态的综合体现，它具体体现在学生的学习、卫生、纪律、生活等各个方面。班级文化自觉或不自觉地通过一定的形式融合到班级学生的学习、生活等各个方面中，潜移默化地影响着学生的行为，作为校园文化建设的一部分，班级文化建设是校园文化建设的基础，搞好班级文化建设对于营造良好的学习成长环境以及促进学生的身心健康发展具有极其重要的作用。

学校文化是班级文化的导向，制约着班级文化建设；班级文化是学校文化的组成部分，亦影响着学校文化。作为以价值观、班风、舆论、思维方式、行为方式为代表的健康的班级文化，充满了鲜活的创造力量，它不仅可以改变学生的生活质量，而且可以引发学生无限的创造力和潜能，使每一个学生都有机会在其天赋所及的一切领域里充分展示并发展自己的才能。班级文化在其熏陶、影响、渗透、暗示所产生的凝聚、驱动、同化效应前，使学生不知不觉地感受到群体的社会压力，从而产生了与集体要求相一致的思想和行为。

二、班级文化的功能

班级文化具有凝聚功能。凝聚功能是指班级文化对学生的吸引作用。班级文化的凝聚功能主要表现在，班级文化能把班级成员的个人利益与班级的荣誉紧紧地联系在一起，使个人与班级"同甘共苦"。苏联教育家马卡连柯有句名言："不管用什么样的劝说，也做不到真正组织起来的集体所能做到的一切。"从社会心理学的角度来讲，凝聚力主要是指使群体内被吸引的力量和向内凝聚的力量，是个体对所在群体及其成员的情感表现。这种情感越深，群体凝聚力就越大。这种凝聚效应是一种复杂的心理现象，它以集体成员的共同需要为基础，包括认识、情感、行为等多种心理成分。

班级文化具有教育功能。班级文化作为一种特有的教育力量，渗透于一切活动之中，它所形成的一种"社会—心理活动场"，对学生心理素质的培养具有引导、平衡、充实和提高的作用。

班级文化具有驱动功能。这种功能是指班级文化的影响能使集体成员在心理上产生一种积极上进的态势，形成内部驱动力。主要表现在班集体中目标的导向、制度的调控、活动的载体、班风的同化、人际的互动、情感的熏陶等方面。

班级文化具有规范功能。所谓规范功能，是指班级文化对其成员所产生的监督、控制、规范、塑造作用。班级文化所形成的规范体系，制约着学生的言行。班级文化有鲜明的导向性，其本质就是规范性。班级文化为其成员提供了特定的行为范式、思维范式、理解范式和希望范式。

上述四个功能是从不同的角度进行分析的，但它们是互相交织、相辅相成、密不可分的，其效益是整体的、综合的、统一的。

班级文化建设包括三个层面，即物质文化建设、精神文化建设、制度文化建设。这三个层面协调发展，将为班级树立完整的文化形象。物质文化是以教室环境为主要内容的文化形态，它是班级文化的载体。精神文化是以全体的价值取向为主要内容的班级文化形态，它是班级文化的核心。制度文化是以班级组织及其制度为主要内容的文化形态，它是班级文化的保障。

马斯洛的心理需要层次理论告诉我们：自信、自尊是学生成长中必需的。班级建设过程中贯彻和谐观念，只有和谐的观念深入人心，班级日常所开展的各项活动才能有条件地、顺利地开展下去，班级建设才能受到广大学生的欢迎与接纳，有基础进行下去。如果一个班集体人心涣散、混乱无序，没有统一的目标，没有使自己身处环境变得和谐这一愿望，那么班级各项活动也就无从谈起，更不用说和谐与否了。因此，一个群体是否拥有统一的和谐观念，将直接影响到班级建设的质量与速度。班级文化建设的有形载体可以有如下形式：通过全班同学参与，设计出富有特色、具有寓意的班徽，形成同学们认可的并能具体实践的班训，谱写可以传唱的班歌，形成班级行为准则；建设班级网站、班级群、班级公众号等，形成同学敞开心扉的阵地；美化班级教室，营造高雅、积极向上的环境；制作班旗、班服等标识物，增强同学对班级的自豪感。接下来主要从班级物质文化、班级制度文化和班级精神文化三个方面的建设进行阐述。

（一）班级物质文化建设

苏联教育家苏霍姆林斯基曾经说："无论是种植花草树木，还是悬挂图片标语，或是利用墙报，我们都将从审美的高度深入规划，以便挖掘其潜移默化的育人功能，并最终连学校的墙壁也在说话。"班级物质文化是指班级的内外部环境和各种教学设施所表现出的物质文化中的实体部分，主要包括班级的教室环境、教学设施、墙报、宣传画、图书角、卫生角、班徽、班旗、荣誉匾牌以及各种象征物等。教室是学生学习、生活、交际的主要场所，是教师授业、育人的阵地，是师生情感交流的地方。优美的教室环境能给学生增添生活与学习的乐趣，消除学习后的疲劳；更重要的是它有助于培养学生正确的审美观念，陶冶学生的情操，激发学生热爱班级，热爱学校的感情，促进学生奋发向上，同时还可以增强班级的向心力、凝聚力。因此班级文化建设首先要抓好教室的环境布置。

为了让教室更加整洁和整齐，我校学生处为每个教室配置了书柜和清洁柜，使得学生的学习用品不用高高地摆放在书桌上或者堆放在地上，既影响学生学习又影响教室美观。

为了配合教室文化建设，我校学生处为每个教室定做了3幅名言挂画，并悬挂于教室的左面和右面的墙壁，进行传统文化熏陶。这3幅名言挂画是各班围绕养成教育、品格教育和理想教育，结合自身班级特点，名言内容自选，例如我班选择了以下三条："业精于勤，荒于嬉；行成于思，毁于随""勿以恶小而为之，勿以善小而不为""理想是力量的泉源、智慧的摇篮、冲锋的战旗、斩棘的利剑"。从而营造学习的氛围，以此来激励学生不断地拼搏、进取。

结合我班的实际情况，班级教室后面的墙壁张贴励志墙贴，例如成功的阶梯、奋斗的你和梦想从这里起飞及天道酬勤等励志墙贴以此激励学生学习。

在班级教室后面开辟了图书角、公告栏。学生利用图书角可以相互交流课外阅读材料，公告栏用于公布考试成绩、班级荣誉、好人好事、励志文章等班级各种事务。

（二）班级制度文化建设

班级制度文化是指规章制度、班级公约和班级全体成员共同认可并自觉遵守的行为准则。班级制度文化的建设，不仅能为学生提供评定品格行为的内在尺度，而且使每个学生时时刻刻都在一定准则的规范下自觉地约束自己的言行，使之朝着符合班级群体利益和教育培养目标的方向发展。班级制度文化主要包括班级组织（正式组织和非正式组织）和班级制度（正式制度和非正式制度）。

学生处制订教室文化建设实施方案并评比。为了给学生营造和谐、进取的班级成长氛围；建立清新、充满人文关怀的班级文化；形成具有教育性、凝聚力、制约性、激励性的班级文化；丰富班级文化的内容和形式，推进生态德育和有效课堂的实施。学生处从讲桌、窗帘、学生物品、书柜、卫生工具和课桌椅等方面做了精心布置与安排，另外针对规范要求，学校采取常规检查与不定期检查的方式，对各班级教室内的物品摆放进行评比。

班级制定班规和违反班规处罚暨奖励条例，并张贴在教室的前面墙壁上。"国有国法，家有家规""没有规矩，不成方圆"，制度是要求大家共同认可并自觉遵循的行为准则。班级制度是班主任和班级成员一起依据班级奋斗目标制定的各项班级生活规则和行为规范。学生入学之后，制定相关的班级管理制度，由学生管理学生，班主任加强监督。我班班级规章制度共14条，内容涉及感恩、学习、迟到、课堂、集会、作业、宿舍和仪容仪表等方面，与此配套的违反班规处罚暨奖励条例共10条，内容涉及迟到、课堂、作业、卫生、自习、集会、宿舍、学习奖励和行为奖励等方面，各方面的表现都公开、公正，数字化体现在学生自治自理统计表上，每周一下午第三节班会课公布上周结果，由于符合他们自己的心理需求，条文不多，内容简明具体，具有可操作性，所以学生也乐于执行和遵守，有了制度作保障，从而使班级的各方面工作都有了很大的进步。

（三）班级精神文化建设

班级精神文化是班级全体成员的群体意识、舆论风气、价值取向、审美观念等精神风貌的反映。班级精神文化是班级文化的核心和灵魂。它主要是指班级成员认同的价值观念、价值判断和价值取向，道德标准、行为方式等。班级精神文化主要包括班级精神（班训、班歌等）和班级形象（班风、班貌等）。我在班级精神文化建设中特别注重培养班级的凝聚力和集体荣誉感。

班风是班级文化的灵魂，它具有强大的凝聚力和感召力。班风与班级精神有着本质的联系。一方面，班级精神所营造的氛围弥漫在班级成员周围，使成员的言行举止都浸染上了它的色彩和痕迹，这种氛围久而久之便形成了一种风气，即班风。另一方面，班风属于班级精神文化，但不等同于班级精神，它是班级精神的具体、感性的外化形式。也就是说，班级精神要通过班风反映出来。班风一经形成，便会成为一种约束力，影响班级中的每一个成员。班风对外是班级的形象，对内是一种氛围、一种无形的力量。

良好班风的基本特征主要表现在：民主、公平、关爱、进取、有序、开放。班风是以人育人的一种手段，也是自我教育的一种氛围。比如：我带的班级以"诚信"为特点，一些爱说谎话、爱抄作业、考试想作弊的学生转入我班后，渐渐会失去欣赏他们的同学，经过一段时间的感染，他们也会自觉改变自己，成为一名诚实守信的学生。

构建教育共同体，提升班级凝聚力。一是生活共同体的构建。由于我校是寄宿制的学校，所以我将班级的学生按照宿舍划分为8个生活小组。学生宿舍这一块管理非常精细，为了严格执行学校的宿舍管理，要求学生以星级宿舍为目标，让他们充分体会到团队协作的重要性。通过生活共同体的建立，学生之间的感情增强了，相互之间的关系也变好了。二是学习共同体的构建。学习共同体是指根据学生成绩划分成12小组（4人一小组），由学生自己自由组合，平均分控制在10分以内。学习小组内有学优生和学困生，为了整个小组的荣誉而战，学困生的主动学习和学优生的乐教得到了一定的提高。学习共同体也是班级的卫生、作业等一系列活动的小组。生活共同体和学习共同体内的凝聚力增强了，自然而然增强了班级的凝聚力，增强了学生的集体荣誉感和提高了学生的团队合作能力。

开展丰富多彩的活动。通过组织开展各式内容广泛、形式多样的活动，让学生参与竞争，提高学生思想修养，培养他们良好的学习习惯和积极的学习兴趣，促进学生的自主参与，促进学生之间彼此尊重理解和相互协作，增进彼此友谊，进而升华为集体感情。一般来说，现在最能调动学生们情感的就是大的体育竞赛活动，那就是校运会。除了按照学校要求开展的各项活动，另外班级也会根据实际情况开展一些活动。例如学习经验与方法交流，通过邀请班上每一科的1～2名学优生上讲台分享自己成功的学习方法，并颁发聘书（形式大于内容），既让全班学生受益，又锻炼了分享学习方法的学生。又如最美书桌评选，书桌是学生家庭学习最重要的环境，展示与分享学习空间，学生可以更好地展现学习习惯和生活习惯；良好的书桌布置可以让学习更加高效，展示书桌文化，学生之间可以互相借鉴学习，充分地发挥书桌的功能。在各类活动中我都要求大家尽自己所能，不断超越自我，同时为班级争取荣誉。这些活动增进了同学之间的友谊，为形成班级凝聚力搭建了桥梁，又使学生心情愉悦，对班级产生了自豪感、责任感和集体荣誉感。

只要每位班主任都能做个有心人，共同来关注班级文化建设，我相信班级文化一定能在学校教育中有效地发挥它的作用，真正做到"随风潜入夜，润物细无声"。

为了更好地掌握班级管理方面的实际操作，下面分享我和另外两位老师关于班级管理经验方面的文章，分别为《构建教育共同体　提升班级凝聚力》《一枝独秀不是春，百花齐放春满园——浅谈中游生的教育问题》和《"虚拟薪资制"班级管理方法初探》。

（深圳市盐田高级中学　桂耀荣）

构建教育共同体 提升班级凝聚力

深圳市盐田高级中学 桂耀荣

自从2002年参加工作以来，我一直担任班主任工作，2019年加入深圳市李兴梅名班主任工作室，并积极参加工作室的各项培训活动。我在工作室培训活动的引领下，根据自己的班主任工作经验并结合深圳市高中学生的实际情况，提出"构建教育共同体、提升班级凝聚力"的班级管理理念。

（一）建档案立规章

新生报到后，我给每名学生建立个人档案，内容涉及学生个人的详细信息、家庭主要成员的信息、学生曾获荣誉、爱好优点、曾任职务、期望职务等。个人档案为后期学校收集相关信息和班主任了解学生、组建班委和科代表做准备工作。班委主要负责班级的轮流值日，科代表主要负责学生与科任老师之间的沟通与交流。

班主任和班委共同制定相关规章制度。条例主要是指班规、违反班规处罚暨奖励条例和评先评优条例。新生入学之后，尽快成立班委，制定相关的班级管理制度，由学生自主管理，班主任加强监督。我的班级规章制度共14条，内容涉及感恩、学习、迟到、课堂、集会、作业、宿舍和仪容仪表等方面，与此配套的违反班规处罚暨奖励条例，内容涉及迟到、课堂、作业、卫生、自习、集会、宿舍、学习奖励和行为奖励等方面，各方面表现的评分都公开、公正，数字化体现在学生自治自理统计表上，每周一下午第三节班会课公布上周结果，统计表的成绩占学生评先评优的30%，学生的期中和期末成绩总共占70%，最后的得分是学生评先评优候选人的唯一依据，学期结束全体学生给候选人（得分的前20名）投票，得分和得票各占50%，最终确定本学期优秀学生名单，也作为下一学期班干部是否续聘的重要依据。

第一章 班级管理

（二）构建四个共同体

构建四个共同体（家校共同体、生活共同体、劳动共同体和学习共同体），彼此融合与渗透，促进学生德、智、体、美、劳方面的发展与提高。

家校共同体的构建。家校共同体是指以班级的家校QQ群为载体构建班主任、科任老师、家长和学生"四位一体"的家校同盟。我每周五下午或者假日放假前将作业发给家长，请家长督促学生在家认真写作业，尽量让学生每周的学习效果达到5+2=7，而不是5+2<7，甚至5+2<5。

生活共同体的构建。深圳的高中大部分是寄宿制，学生宿舍这一块管理非常精细。按照学校的统一分配，以一个宿舍为一组构建生活共同体，我协助生活老师管理好学生宿舍，生活环境变好了，对学生的学习成绩会有很大帮助。例如，学生在宿舍休息得好，在课堂上就不容易打瞌睡，在生活上能自律的学生，同样在学习上也能自律。

劳动共同体的构建。劳动共同体指由学生自由组合，以4人为一组构建的劳动小组，劳动上彼此互帮互助。

学习共同体的构建。学习共同体是由学生自由组合，学生自行根据成绩划分成12小组（4人一小组），每组平均分差控制在10分以内的学习小组。这样组建的学习小组内有学优生和学困生，他们为了整个小组的荣誉，学困生的主动学习和学优生的乐教得到了一定的提高。

（三）提升班级凝聚力

除了按照学校要求开展的各项活动，我根据班级实际情况开展并参与活动，通过组织学生积极参与到活动中，以活动促团结，增进师生的关系，提升班级凝聚力。

为了让家长也积极参与到学生的学习活动中，我开展了最美书桌的评选。通过展示与分享学习空间，学生可以更好地展现学习习惯和生活习惯。书桌是学生家庭学习最重要的环境，良好的书桌布置可以让学习更加高效，展示书桌文化，学生之间可以互相借鉴学习，充分地发挥书桌的功能。

为了让学生尽快适应集体生活，我利用班会时间，以生活共同体（即一个宿舍）集体表演一个节目，既增进了宿舍内部彼此之间的友谊，又促进了班级内部学生之间的彼此了解，让他们充分体会到团队协作的重要性。通过生活共同体的建立，学生之间的感情增强了，相互之间的关系也变好了。

为了让学困生改善自己的各学科学习方法，我开展了学习经验与方法的交流，邀请本班各科1～2名学优生分享自己学习心得，并颁发聘书（形式大于内容），既让全班学生受益，又锻炼了分享学习方法的学生。利用自己身边榜样的力量，激发学生的学习兴趣。

为了激励学生的学习，我每周分享一篇励志教育和学习方法等方面的文章，通过这些文章开拓他们的视野，而不是仅仅局限于班级内部学生之间的竞争，增大他们的认识格局。

针对学习进步的学习共同体，给予适当的奖励，促进班级形成"你追我赶"的良好学习氛围。

我积极参与学生的集体活动，经常找学生谈心，及时疏导并排解学生在学习与生活方面的心理压力。

家校共同体、生活共同体、劳动共同体和学习共同体的凝聚力增强了，自然而然就会增强班级的凝聚力，增强学生的集体荣誉感和提高学生团队合作能力。

一枝独秀不是春，百花齐放春满园

——浅谈中游生的教育问题

深圳市盐田高级中学　林娟

一片森林，树木总会参差不齐；一个班级，学生总会有差异。在教育教学中，教师虽然希望为所有学生提供均等的学习机会，但实际上，在传统教育观念下，我们常会采取"抓两头，促中间"的方法，倍加关注表现突出、成绩优异的学优生和成绩较差、惹是生非的学困生，而对表现平平、成绩普通的中游生却甚少关注。

在我担任高三班主任期间就发生过这样两件事。

第一件事：某一天，一个平常表现还不错的男生开始自暴自弃，上课睡觉，无心学习，在高三冲刺阶段，这是一件很可怕的事。于是，我请他到办公室了解情况，最后他哭着跟我说："我真的恨自己是个中游生，觉得自己特别无能。老爸老妈总是这样说：'这孩子这不上不下的成绩，考名牌大学没什么指望，放弃了又太可惜，真是烦人哪！'而老师更是忽略了我，亲和的微笑、阳光般的温暖都给了学优生，个别辅导的机会和一些鼓励性的话语又给了学困生。我们这些'不上不下、不饥不饱'的中游生只能待在被遗忘的角落，成为课堂里冷漠的看客。即使在公开课、家长会上，我们也一直是被忽略的对象，期末的评优评先没有我们，进步奖也没有我们，难道我们就不是这个班的吗？"

第二件事：一次在批改学生作业的时候，一个平时成绩平平、话不太多的女生在作业本里夹了一张便利贴，写道："老师，我很喜欢您的课。可是每次上课时您总会把目光掠过我，看向我座位后面的某某同学，她是很优秀，学习能力、反应能力等哪哪都好，我知道您很欣赏她，可是我也多么希望您能将目光停留在我身上，哪怕只是片刻。老师，您知道吗？"看到这里，我眼眶不禁湿润，内心五味杂陈。扪心自问，我眼中更多看到的是学优生和学困生，对于班级的中游生我又关心多少，难道就因为他们听话、不给班级带来麻烦，就理所应当忽视他们吗？

由此，我静下心来，反思自己的教育教学过程，走近中游生，仔细分析中游生这一群体的表现和特征。

（一）中游生群体的特征

1. 比重最大，可上可下

中游生在班级中所占比重最大，大约为班级人数的70%，而且他们具有波动性、易分化。如能抓住他们的特长或特点，增强自信心，激发进取心，他们就极可能转化为学优生；反之，对他们稍微放松，不加以关注，也很容易沦为学困生。

2. 循规蹈矩，缺少主见

绝大部分中游生是听话的学生，他们认可校纪校规，信任各种规范，并以此来约束规范自己的行为，也甚少出现与老师对立的行为。他们较为自卑，遇事犹豫，瞻前顾后，缺少主见，很少与人争论，对不良现象也缺乏抗争意识。

3. 沉默寡言，缺乏交流

多数中游生不活跃，常沉默寡言，一般不在别人面前表露心声，不愿意和老师、同学亲密接触。他们喜欢把自己的所思所想和喜怒哀乐藏在心里，不愿与人分享，在学习和生活中遇到各种困难、挫折、烦恼时也不愿向人倾诉。

4. 自我怀疑，忧心焦虑

多数中游生在学习上较努力，把赢得老师的赞赏和满足家长的愿望当成自己的奋斗目标，稍有不满意，便会自责不已，甚至有负罪感。这也使得他们会因一时的失误，导致对自己能力的怀疑和不确定，从而忧心忡忡、焦虑不安。

5. 缺乏竞争，甘居中等

大部分中游生智力正常，之所以与学优生形成差距，是因为自己缺乏竞争意识，学习目标不明确，学习态度时有动摇，缺少毅力和坚持，久而久之，形成了"甘居中游"的思想和不愿与人竞争的处世态度。

由此可见，中游生并非没有特点，只不过是我们对他们的特点甚少发现和关注而已。作为教师，应该正确认识中游生的群体特点，对他们多关注、多关爱、多期望、多鼓励，挖掘他们的潜力，让他们体验成功，并获得任课教师和家长的支持，有的放矢，因材施教。

（二）中游生的教育策略

1. 给予关爱，平等真诚

在中游生身上潜藏着很多积极因素，如要求进步、乐于为同学做事等，他们特别希望得到老师的尊重和依赖。作为教师，应经常深入中游生中间，主动了解他们、关心他们。如：成绩不理想时，教师给予其轻声安慰的话语；上课提问时，教师给予其善意鼓励的眼神；批改作业发现进步时，教师对其竖起的大拇指；等等。这些都能让中游生随时随地感受到老师的关爱，从而激发他们刻苦钻研、积极进取的良好态度。

《庄子·渔夫》曰："真者，精诚之至也，不精不诚，不能动人。"想要和学生建立平等良好的师生关系，无非是真诚地与学生在一起，与学生一起面对、一起努力、一起分享、一起收获，让中游生感受到自己并不孤单，看到希望，愿意为走出现状而努力。

2. 树立信心，期望鼓励

由于中游生数量多，要树立他们的自信心，教师就要利用好期望效应。要对中游生充满热切的期望，促使其产生奋发图强、积极向上的愿望，针对不同情况的学生，帮助他们分析原因，寻找提高成绩的方法。如偏科现象严重的学生，可以叮嘱其制定目标，查漏补缺；学习方法不好的学生，可以多指导、多交流，帮助其寻找好的学习方法；意志薄弱、成绩忽上忽下的学生，让其学会自我约束，持之以恒；学习态度敷衍的学生，可以督促其制订计划，逐步培养良好的学习习惯；智力确实欠佳的学生，则多加关爱，肯定其闪光点。

此外，美国著名作家马克·吐温曾说："靠一句美好的赞扬我能活一个月。"教师应用具有期望效应的语言鼓励他们。如："你很努力，相信一定会进步的。""你很聪明，只要再接再厉，一定会考出好成绩。""你很有潜力，成功就在你眼前。"在平时的作业和期末评语中，多给予中游生积极的评价，就像古希腊哲学家、数学家阿基米德说的："给我一个支点，我就可以撬起整个地球。"在学生的成长中，鼓励就是一个神奇的支点。

3. 挖掘潜力，体验成功

每个人都有一种使自己的潜能得以实现的需求，中游生也不例外，他们也有着丰富的思想和广泛的兴趣爱好，在班级中我们不难发现在一些看似普通的中游生身上，有着各种各样的才能，如运动、音乐、绘画、演讲、写作等。这就要求我们老师，根据学生潜在的才能和兴趣，积极挖掘，热情激励，使那些在学习领域暂时无法拔尖的学生，通过其他形式的活动，尽可能发挥自己的潜能，获得学习以外的快乐。

苏霍姆林斯基曾说："成功的欢乐是一种巨大的情绪力量，它可以促进儿童好好学习的愿望。"作为教师，应积极为其创造机会，帮助他们获得成功的体验，促使他们向学优生转化。可以在班级中经常开展多样化的小型竞赛活动或主题班会，让中游生参与活动，获得成功的体验。另外，实行值日班长、文娱活动策划小组、课堂纪律管理员、电教管理员等，让他们参与到班级管理中来，使他们在为班级、为同学服务中表现自己、施展才华，制造机会让他们成功，获得他人的赞赏。

4. 全面了解，家校互通

作为班集体的教育者和组织者，须充分发挥各种教育力量的作用，争取多方面的共同配合和努力，才能收到最好的效果。首先，争取与任课教师多多沟通情况，主动说明中游生的思想动态和学习情况，共同探讨在教育教学过程中注意的问题，具体落实帮教措施，使中游生的帮教工作能协调有序地进行。其次，还需取得学生家长的支持。通过电话家访、微信沟通、主题班会邀请家长来访等方式，与家长密切交流，以便更全面地了解学生，提醒家长运用正确的教育方式，不能老盯着孩子的缺点，要用心发现孩子的闪光点，多与孩子平等交流，营造和谐民主的家庭环境。

"一枝独秀不是春，百花齐放春满园。"中游生群体是班级的重要组成部分，在教育教学工作中，教师要做个有心人，真正秉承"一切为了学生，为了一切学生，为了学生的一切"的宗旨，走近中游生，关爱中游生，让他们正确认识自我，重拾前进的信心，使自己无愧于中游生，无愧于"人民教师"这一称号。

参考文献：

[1] 谢绝萍，许康.论如何突破"中游生教育"的灰色状态［J］.中国教师，2007（S2）：94-95.

[2] 任新刚，谌章连.优化中游生［J］.班主任之友，2004（7）.

第一章 班级管理

［3］张海群.中游生的成长和发展也急需关注［J］.广西民族师范学院学报，2011（6）.

［4］赵保君.浅谈中游生转优［J］.基础教育研究，2010（2）.

［5］李庚南.班主任工作艺术一百例：触及心灵的足音［M］.北京：人民教育出版社，2007.

［6］陶行知.陶行知全集（第八卷）［M］.成都：四川教育出版社，1991.

"虚拟薪资制"班级管理方法初探

深圳市盐田高级中学　朱彩霞

（一）"虚拟薪资制"班级管理方法实施的意义

目前，很多地区的高中为了抓教学质量，保证高考的重点率，都会将班级分成重点班和普通班。对于重点班而言，学生的整体学习意志力都比较强，班级的学习氛围较为浓厚，其他不良的表现相应的也会较少。但是对于普通班而言，由于学生群体的知识基础普遍较为薄弱，学习难度普遍较大，往往会造成学习的动力普遍不足，学习意志力差，迷茫无助，因而容易出现不良现象、问题学生较多，比如"学习时间偷玩手机、看电子小说""住宿生夜里偷玩电子产品导致上课犯困""迟到早退现象较多""师生矛盾较多、学生不服管教"……综合起来造成普通班管理难度较大，教育起来较为棘手，尤其是在高三，对于学业质量要求较高的阶段，怎样调动普通班的学习积极性，更是一件棘手的事情，因而很多教师都不愿意接手这样的普通班！

笔者多年担任普通班的班主任，在工作中逐渐摸索出较为有效的普通班管理模式——"虚拟薪资制"的班级管理方式。在普通班的管理与教育中，可以借鉴企业内的薪资制度与奖惩机制，培养学生的竞争意识和团队合作精神。通过"虚拟薪资制"的班级管理方式，可以让学生尽早感知"多劳多得"的薪资分配原则，以及能者上、弱者下的社会现实，从而激发出学生的自我追求和主动担当的良好氛围，打造规范的班级秩序，营造浓郁的学习氛围、建立起良好的班级风气！

（二）"虚拟薪资制"班级管理方法的实施

1. 全班参与制定班规

班规是班级管理中的规章制度，简称"班规"。旨在更好地规范班级成员的行为，形成一个健康向上、团结互助的集体氛围。要想达到全班遵守的效果，一定要全班参与制定，千万不能由班主任一人专断独行！但班主任也不能任由学生随意制定，要把控班级的发展方向，保证班规能够起到规范行为、鼓励积极、抵制不良影响的作用。

首先由班主任和班委会一起总结班级学习和生活中的各项事务，然后依据校规、宿舍规定以及班级现状，将班级里好的现象和不好的现象逐条记录下来，按照学习方面、宿舍方面、卫生方面、活动方面、纪律方面等进行归类，依据班情，班委会和班主任一起商讨要鼓励和倡导哪些方面，要抵制和杜绝哪些方面，在这个宏观的指导思想下制定班规草案，然后印发，征求全班同学的意见，再根据意见初步修改草案。草案第一版修订后，试行一周，在这一周里，全班同学按照第一版班规执行，任何同学只要发现班规有不妥之处，都可以提出修改意见，一周之后汇总建议或意见，进行第二版修订。第二版修订后，正式执行班规。

2. "虚拟薪资制"简述

（1）总则：为了实现"激励优秀、鼓励进步"的目的，班级实行公平合理的"薪酬"福利管理体系，端正同学的学习态度，激发同学的学习热情，提升同学的主人翁意识，依据班级情况特制定本制度。每月发放的"薪资"结果将按月累计，作为评先评优的依据。

（2）"薪资"结构，学生的"薪资"由加分"工资"和扣分"工资"两部分合计组成。

加分"工资"包括：考试成绩优秀、担任班干部、担任课代表、为班级争得荣誉、星级宿舍、班级分红等。

扣分"工资"包括：违反校规校纪、违反课堂纪律、玩电子产品、宿舍扣分、仪容仪表不符合要求等。

"工资"发放时，所有同学均应当认真核算自己的"工资"，对班级发的劳动报酬有异议，须在收到劳动报酬一周内提出，未按时提出异议，视为学生认可班级已发放的劳动报酬。

（3）"薪酬"发放标准。在班级的日常管理中，学习考核是最为重要的方面，所以为了激发学生的自主学习意识、端正学生的学习态度，可以在考试成绩方面加大"薪资"比重。比如对于成绩优秀的学生可在"年级前100名、前200名、前300名、过重点线"等方面加以鼓励，对于成绩目前比较落后的学生可在"年级进步名次"方面加以鼓励，为了防止有同学出现消极松懈的学习态度可在"年级退步名次"方面加重扣分比例。

在班级的常规管理中，班干部起着非常重要的作用，分担着班主任各方面的工作。如果班干部积极主动，班级各方面都会规范有序，班级就会自觉平稳地运转。对于班干部"薪资"的配置可以根据其为班级承担工作的任务量、依据"多劳多得"的原则进行分配。比如班长、课代表、体育委员是每天都会进行班级管理的，可以适当额外"加薪"，其他班干部较前者适当减少额外"加薪"。每月可以进行班干部职能的民主测评，对于学生高度认可的班干部可以提高绩效考核"薪资"，对于多次民主测评分数较低的班干部，可以考虑重新选举，同时欢迎学生自荐担任班干部，鼓励为班级多做工作！

宿舍管理虽然主要由舍务老师负责，但由于舍务老师管理的班级和人数较多，普通班学生往往又较难管理，所以班级管理中也要重视宿舍管理，否则宿舍生活出现问题，也会影响到班级学业等方面的管理。普通班的宿舍问题往往都较为严重，所以在制定"薪资"时可以加大对星级宿舍的鼓励，对行为习惯不好的宿舍给予适当的"减薪"，让行为习惯不好的宿舍可以明显感觉到与其他宿舍的差距。同时班主任对行为不好的宿舍多关注、多沟通，帮助他们去建立争取"加薪"的意识，给他们出主意，指导他们怎样荣获星级宿舍！这样既可以规范某些行为习惯不好的学生，和谐舍务老师和学生之间的关系，又可以增强宿舍的凝聚力，可谓一举多得！

活动是培养班级凝聚力的重要途径，所以积极鼓励学生参加各种活动，既锻炼了学生的能力，还增强了班级的凝聚力，为班级争得了荣誉，增强学生的集体荣誉感！所以在制定"薪资"时可以加大积极参加活动、为班级争得荣誉的学生的"薪资"比重。

3. "虚拟薪资制"的落实

由于"薪资"构成项目较多，日常分数统计是一项复杂繁重的任务，光靠班主任统计是不可行的，所以要配套建立常规统计机制、增设"财务人员"。

常规统计机制：针对班规内容设计"班务日志"，由"值日班主任"负责当天的记录，班主任每天查看"班务日志"，提醒"值日班主任"将各项班务记录完整。对于"值日班主任"的人选，前期可以让全班同学轮流担任，这样做的好处是可以让全班同学都能体会班主任工作的烦琐和细致，能够理解班主任的管理工作，减少师生冲突，同时班主任也可以观察了解哪些学生比较细心、善于提出建设性的意见，后期可以逐渐筛选出适合担任"值日班主任"的人选，使常规统计机制逐渐规范化。

增设"财务人员"：班务日志可以每周记录一本，每月4本，依此可以设立4名"财务人员"，将班务日志的内容分成四大块，每名"财务人员"负责一块，4本日志轮流统计，然后汇总成"薪资单"，给予公示。这样设立的好处是专人长期负责某些项目的统计，相关的"财务人员"会发现他所负责的项目中班级在这一块的发展规律，如果有异常现象会及时发现报告班主任，班主任还可以在审核时与"财务人员"沟通，听听"财务人员"对这些项目的改善建议，逐渐完善"虚拟薪资制"。

4. "虚拟薪资制"的奖罚机制

一项制度能够稳定、长期、持续地实施，一定要有配套的奖罚机制，这样才能够让学生不断地去追求，才能激发出学生长久的意志力！奖惩措施要依据班情、学生特点去设计，这样的奖励措施才会勾起学生的兴趣，惩罚措施才会引起学生的在意，才能起到鼓励积极、抵制消极的效果！惩罚措施要依据班情设立学生能够接受的措施，不能侮辱学生。奖励措施参考如下：选座位、班会课改上体育课、送篮球、班级整体进步可以集体分红。

5."虚拟薪资制"的评价

一项制度的实施过程，总会有弊有利，"虚拟薪资制"对班级的影响是否有成效，有多大的成效，有多少人是支持态度，又有多少人反对，反对的原因是什么，这些还需要通过问卷调查，以及班主任和学生面对面的沟通来进行评价，从而更好地完善"虚拟薪资制"，使其起到激发学生的自我追求和主动担当的正面效果，打造规范的班级秩序，营造浓郁的学习氛围、建立起良好的班级风气！

"虚拟薪资制"的普通班班级管理模式，是对班级管理方式的一种创新，还需在实践中不断总结和完善。作为一名高中班主任，如何管理班级，如何建立起积极向上的班风，如何调动起学生们浓厚的学习氛围，如何形成良好的师生关系……是我们研究的永恒话题，需要我们不断摸索、不断创新、不断尝试！

第二章

课堂教学

　　教师在教学过程中一定会碰到备课、上课、听课、评课、教学评价等课堂教学方面的问题。年轻教师为了让自己快速成长为校级、县（区）级、市级骨干教师，必须在以上这些方面有所突破或者建树。

　　本章主要从备课漫谈、常规课堂、听课评课、公开课堂和教学评价五个方面进行了详述。

第一节　备课漫谈

"凡事预则立，不预则废。"虽然备课所占用的时间较少，但是这项工作是教师最基本的教研工作，也是教师最基本的业务能力，是保障教学质量的根基。

一、常见的备课误区

一堂好的高中化学课，一堂成功的化学课，一定是符合普通高中化学课程标准的，一定是落实了高中化学核心素养的。所以，我们在备课时，一定要借助《普通高中化学课程标准（2017年版2020年修订）》的指导，而不要陷入以下误区：一是对现成教案的直接"拷贝"；二是应付检查，搞"形式主义"；三是借"集体备课"，制作"同构教案"；四是教案成了搜索网上资源后的"拼盘资料"。

教师在备课时，可以赏阅优秀教师的教案，根据班级学情制作符合自己特点及班级情况的教案。这样不仅让自己更加熟悉教材，也能够借助集体备课的力量，有利于自己教学及教研经验的积累。

二、有效备课的原则与基础

随着《普通高中化学课程标准（2017年版2020年修订）》的实施，教师需要加强对普通高中化学课程标准和高中化学新教材的科学分析、做好对学情的客观分析、认识自我的长处与不足、对教学资源的有效准备，注重化学核心素养的落实。

三、撰写教学设计

教学设计是备课的主要工作和成果物化经历，是运用系统方法分析教学问题和确定教学目标，建立解决教学问题的策略方案、试行解决方案、评价试行结果和对方案进行修改的过程。

备课与教学设计的关系为备课包含教学设计。作为年轻教师，每一节课的课前备课中，一定要撰写一个完整的教学设计，大致包括以下几项：教学目标的制定、教学资源的利用、教学环境的设想、教学方式的设计、教学过程的设计、教学活动的设计、教学评价的设计。

四、创新备课活动的形式

由于多媒体的不断普及，掀起了备课的改革浪潮，同时给教师在备课时提供了更多的选择。利用多媒体技术来辅助教学，可以让学生更加积极地参与课堂，激发学生自主学习力，让教学更有成效。例如选择性必修2"物质结构与性质"中涉及原子结构、分子结构和晶体结构等微观结构方面的内容可以通过多媒体辅助教学。

我校备课活动采用的是主题式备课，每周由备课组两位教师各自针对下一周教学的一个主题进行备课，然后在备课组集体备课时分享备课成果，接着备课组其他教师进行讨论与建议，最后由分享教师整理成文并分享到备课组QQ群，以便备课组其他教师在下一周教学中使用集体备课成果。

（深圳市盐田高级中学　桂耀荣）

第二章　课堂教学

第二节 常规课堂

常规课堂就是按照备课时的教学设计预设的流程进行精彩呈现的过程。一般常规课堂的教学流程包括以下五个环节：课前组织、引入新课、讲授新知、课堂总结、课后作业。

一、课前组织

课前组织教学主要指上课前的学生学习状态调整，课前组织教学有激发学习状态的作用，教师通过目光注视，师生相互问好，让学生进入上课状态。

二、引入新课

导入语是一节课的开场白，占用时间建议不超过5分钟。设计好一节课的导入语，可以为整节课的顺利进行打下良好的基础，因此对于导入新课一定要引起足够重视，教师要提前做好准备工作。

导入语的作用如下：集中学生的注意力、激发学习兴趣、创设学习氛围、调动学生情绪、引起学生思考、衔接新旧知识、明确学习目的等。

导入语的基本要求：简洁、有针对性、新颖、巧妙、准确等。

常见的导入方法：情境导入法、解题导入法、设置悬念导入法、讲述化学故事导入法、化学史导入法、新旧知识联系导入法、趣味化学实验导入法和设疑导入法等。

三、讲授新知

本环节是课堂教学的最重要的部分，时间和内容比重都是最大的。课堂教学中教师要注意学生的主体地位，允许学生畅所欲言，自主思考、分析质疑，注意教学的组织有序，注意问题设置的有效性，注意进行巩固练习。

1. 组织教学的有效性

在课堂教学中，为了实现教学目标，教师必须根据学情、教学内容等因素的变化调节和控制课堂教学行为，维持教学秩序，集中学生注意力，激发学生学习兴趣，调动学生学习积极性，控制教学节奏，调整教学方向，使课堂教学保持在实现教学目标的正确方向。教师在课堂教学中的组织教学包括四个方面：学习内容的控制、反馈信息的控制、教师的自我控制、课堂纪律的控制。

2. 学习活动的有效性

在课堂教学中，为了让更多的学生积极参与到课堂学习中，可以通过组建学习小组（每组4人左右），根据课堂教学内容，适时进行分组讨论，提高学习效果。

3. 问题设置的有效性

在课堂教学中，为了让学生积极参与到课堂教学中，教师设置问题时需要做到以下几方面：设置的问题能激起学生的学习动机，设置的问题要有启发性、思维价值，设置的问题要有层次性等。

4. 巩固练习的有效性

课堂训练巩固环节是课堂教学的重要组成部分，也是知识落实和核心素养落实情况方面的反馈的重要环节。课堂训练环节应注意以下几个方面：紧紧围绕教学目标、注意适时巩固和集中巩固相结合、形式多样、及时反馈课堂训练情况等。

四、课堂总结

教师将所学习的内容进行归纳，概括出本节课所涉及的重点和难点，做到主次分明，也可以请学生进行课堂总结，本环节占时5分钟左右。

1. 课堂总结的功能

课堂总结具有以下功能：巩固新知、培养能力、认识升华、承前启后、及时反馈。

2. 课堂总结的方法

课堂总结主要有以下方法：概括总结式、分析比较式、假设悬念式、预习引导式、收尾照应式、回顾反思式等。

五、课后作业

课后作业是复习巩固知识、反馈教学效果的重要方式，教师要根据《普通高中化学课程标准（2017年版2020年修订）》的要求、化学教材的内容和学生的学情精心设计与布置作业，并保证作业质量与批改水平。

（深圳市盐田高级中学　桂耀荣）

第三节　听课评课

听课、评课是每一位教师的必修课，是提高教师业务水平的一个重要途径。做好教研活动中的听课、评课工作，有利于指导我们的日常教育教学行为，进一步提高教学质量，促进教师的专业化成长，从而达到取长补短、共同进步的目的。

俗话说：教学相长。其实"教"与"听"、"教"与"评"何尝不是如此！"听"是"评"的基础，"评"是"听"的反映。"听"，听什么？"评"，怎样评？这是值得每一位教师认真思考的问题。

听课漫谈

深圳市盐田高级中学　桂耀荣

（一）教师听课应该按下面三个步骤来进行

第一，课前要做一定的准备工作；第二，听课中要认真观察和记录；第三，听课后要思考和整理。

（二）不仅要关注教师的教，更要关注学生的学

1. 对于教师的教，听课时的关注重点

（1）课堂教学确定怎样的教学目标？目标在何时采用何种方式呈现？

（2）新课如何导入，包括导入时引导学生参与哪些活动？

（3）创设怎样的教学情境，结合了哪些生活实际？

（4）采用哪些教学方法和教学手段？

（5）设计了哪些教学活动步骤？

（6）使哪些知识系统化？补充哪些知识？

（7）培养学生哪些方面的技能？达到什么地步？

（8）渗透哪些教学思想？

（9）课堂教学氛围如何？

（10）渗透了哪些高中化学核心素养？

2. 对于学生的学习活动，听课时应关注的重点

（1）学生是否在教师的引导下积极参与到学习活动中？

（2）学习活动中学生经常做出怎样的情绪反应？

（3）学生是否乐于参与思考、讨论、争辩、动手操作？

（4）学生是否经常积极主动地提出问题？

（三）听课者应定位为教学活动的参与者、组织者

听课者要有"备"而听，并参与到教学活动中，和授课教师一起参与课堂教学活动的组织，并尽可能以学生的身份（模拟学生的思路知识水平和认知方式）参与到学习活动中，以获取第一手的材料，从而为客观、公正、全面地评价一堂课奠定基础。

（四）把学生的发展状况作为评价的关键点

教学的本质既然是学习活动，那么其根本目的在于促进学生的发展。因此学习者学习活动的结果势必成为评价课堂教学好与坏、优与劣、成功与否的关键要素。

学生在学习活动过程中，如果思维得到激发、学业水平得到充分（或较大程度）的发展与提高、学习兴趣得到充分（或较大程度）的激发并产生持续的学习欲望，则可以认为这就是一堂很好的课。听课教师可以根据下表对中小学教师授课情况进行评价。

授课人：_____　　授课名：_____　　授课时间：___年___月___日

授课人所在单位：

评价要素	评价要点	评价等级				评分
		优	良	中	差	
教学目标 10分	1. 明确教学内容在教材、模块中的地位和作用	10～9	8～7	6～5	4～0	
	2. 教学目的明确，切合实际					
	3. 教学重点、难点明确					
教学方法 10分	4. 有切合实际的教学方法	10～9	8～7	6～5	4～0	
	5. 进行启发式教学，体现教师的主导作用和学生的主体作用					
	6. 创设合适的教学情境，调动学生的主动性、积极性					
学生学法 20分	7. 调动学生动手、动脑、动口的能力	20～17	16～13	12～9	8～0	
	8. 体现学法与教法的有机结合					
	9. 引导学生质疑、讨论、探究、解决问题					
教学过程 30分	10. 导入新课自然、流畅	30～25	24～20	19～15	14～0	
	11. 突出教学重点，突破教学难点					
	12. 教学环节完整、连贯					
	13. 有目的、有计划地实施知识拓展、能力迁移					
	14. 实验、练习设计合理，有针对性					
教学基本功 10分	15. 教育教学思想端正，熟悉课改动态，体现课改理念	10～9	8～7	6～5	4～0	
	16. 知识全面，反应敏捷，处理问题机智灵活					
	17. 衣着得体，举止大方，教态自然					
	18. 感情充沛，普通话标准，语言表达能力强，能熟练运用多媒体					
教学效果 20分	19. 多维目标的达成状况	20～17	16～13	12～9	8～0	
	20. 学生全体发展和差异发展状况					
	21. 特色与创新情况					

51

评分等级：优（90分以上），良（89～80分），中（79～60分），差（59分以下）。

总评得分：_____（取小数点后两位）

听课人（签名）：_____

评课漫谈

深圳市盐田高级中学　桂耀荣

（一）从教学目标上分析

教学目标是教学的出发点和归宿，它的正确制定和达成，是衡量授课优良的主要尺度。教师评课首先要分析教学目标。

（1）从教学目标的制定来看，要看是否全面、具体、适宜。

（2）从目标达成来看，要看教学目标是不是明确地体现在每一教学环节中，教学手段是否都紧密地围绕目标，为实现目标服务。

（二）从处理教材上分析

评析教师一节课上得优与良不仅要看教学目标的制定和落实，还要看授课教师对教材的组织和处理。

评析教师一节课时，既要看教师知识教授的准确性、科学性，更要注意分析教师在教材处理和教法选择上是否突出了重点、突破了难点、抓住了关键。

（三）从教学程序上分析

1. 看教学思路设计

教学思路是教师上课的脉络和主线，它是根据教学内容和学生水平两个方面的实际情况设计出来的。它反映一系列教学措施怎样编排组合、怎样衔接过渡、怎样安排详略、怎样安排讲练等。

教师课堂上的教学思路设计是多种多样的。为此，评课者评教学思路：第一，要看教学思路设计符不符合教学内容实际，符不符合学生实际；第二，看教学思路的设计是不是有一定的独创性，超凡脱俗，给学生以新鲜的感受；第三，看教学思路的层次，脉络是不是清晰；第四，看教师在课堂上教学思路的实际运作效果。

2. 看课堂结构安排

教学思路与课堂结构既有区别又有联系，教学思路侧重教材处理，反映教师课堂教学纵向教学脉络，而课堂结构侧重教学技法，反映教学横向的层次和环节。它是指一节课的教学过程各部分的确立，以及它们之间的联系、顺序和时间分配。课堂结构也称为教学环节或步骤。计算教师的教学时间设计，能较好地了解教师的授课重点、结构。安排授课时间设计包括：

（1）计算教学环节的时间分配，看教学环节时间分配和衔接是否恰当，看有无前松后紧或前紧后松观象，看讲与练时间搭配是否合理等。

（2）计算教师活动与学生主体活动的时间分配，看是否与教学目的和要求一致，有无教师占用时间过多，学生活动时间过少现象。

（3）计算学生的个人活动时间与学生集体活动时间的分配。看学生个人活动，小组活动和全班活动时间分配是否合理，有无集体活动过多，学生个人自学、独立思考、独立完成作业时间太少现象。

（4）计算学优生、普通生、学困生活动时间。看他们活动时间分配是否合理。杜绝学优生占用时间过多而学困生占用时间太少的现象。

（5）计算非教学时间。看教师在课堂上有无脱离教学内容，做别的事情，浪费宝贵的课堂教学时间的现象。

（四）从教学方法和手段上分析

教学方法，是指教师在教学过程中为完成教学目标、任务而采取的活动方式的总称。包括教师"教"的方式，还包括学生在教师指导下"学"的方式，是"教"的方式与"学"的方式的统一。评析教学方法与手段包括以下几项主要内容：

（1）看是不是量体裁衣，优选活用，教学有法，但无定法，贵在得法。

（2）看教学方法的多样化。教学方法最忌单调死板。教学活动的复杂性决定了教学方法的多样性。

（3）看教学方法的改革与创新。要看课堂上思维训练的设计，要看创新能力的培养，要看主题活动的发挥，要看新的课堂教学模式的构建，要看教学艺术风格的形成等。

（4）看现代化教学手段的运用。现代化教学呼唤现代教育手段。教师还要适时、适当运用投影仪、录音机、iPad、电子白板同步投屏等现代化教学工具。

（五）从教师教学基本功上分析

教学基本功是教师上好课的一个重要方面，所以评析课还要看教师的教学基本功。

（1）看板书：设计科学合理，言简意赅，条理性强，富有艺术性（字迹工整美观、板画娴熟等）。

（2）看教态：教师课堂上的教态应该是明朗、快活、庄重，富有感染力；仪表端庄，举止从容，态度热情，热爱学生，师生情感交融。

（3）看语言：教学也是一种语言的艺术。教师的语言有时关系到一节课的成败。教师的课堂语言，要准确清楚、精当简练、生动形象且有启发性。教学语言的语调要高低适宜，快慢适度，抑扬顿挫，富于变化。

（4）看操作：看教师运用教具，操作投影仪、录音机、微机等熟练程度。

（六）从教学效果上分析

分析一节课，既要分析教学过程和教学方法方面，又要分析教学结果方面。看课堂教学效果是评价课堂教学的重要依据。课堂效果评析包括以下几个方面：第一，教学效率高，学生思维活跃，气氛热烈；第二，学生受益面大，不同程度的学生在原有基础上都有进步，如知识、能力、思想情感、高中化学核心素养目标达成；第三，有效利用45分钟，学生学得轻松愉快，积极性高，当堂问题当堂解决，学生负担合理。

课堂效果的评析，有时也可以借助测试手段（形成性评价和结果性评价）。例如结果性评价，即当上完课，评课者出题对学生的知识掌握情况当场做测试，而后通过统计分析来对课堂效果做评价。

第四节 公开课堂

公开课与常规课一个重要的区别是，公开课是经过备课组全体教师集体设计，执教教师反复上课，备课组全体成员反复磨课之后呈现出来的一堂课，是备课组集体智慧的结晶。

下面是两节公开课的教学设计：一是由桂耀荣老师执教的深圳市市级公开课"翻转课堂教学设计——以'化学能转化为电能'为例"的教学设计；二是由陈丽珊老师执教的公开课"基于真实情境下的实验探究专题复习"的教学设计。

翻转课堂教学设计
——以"化学能转化为电能"为例

深圳市盐田高级中学　桂耀荣

翻转课堂起源于美国，自产生以来由于其对传统教学模式的颠覆而引起了国内外教育学者的广泛关注，自2012年国内第一篇介绍翻转课堂的文献发表以来，与具体学科相结合的实践案例依然很少。

有学者认为，"传统课堂教学与翻转教学最大的不同就是完成一个完整教学过程的次序相反。简单地说，翻转教学是'学生先学，教师后教'，传统教学是'教师先教，学生后学'"（赵兴龙，2013）。也就是说，"翻转"发生在教与学的先后顺序上。这种观点将翻转课堂中课前学生观看视频的过程视为"学",将课堂中教师的组织讨论视为"教",因而,翻转课堂的特点便是"先学后教",与传统课堂的"先教后学"相反。

翻转课堂与传统课堂的区别如下:

	传统课堂	翻转课堂
教师	知识传授者、课堂管理者	学习指导者、促进者
学生	被动接受者	主动研究者
教学形式	课堂讲解+课后作业	课前学习+课堂研究
课堂内容	知识讲解传授	问题研究
技术应用	内容展示	自主学习、交流反思、协作讨论工具
评价方式	传统纸质测试	多角度、多方式

翻转课堂的类型如下:

第一种,"家校翻",即学生在家看微课、做练习,到课堂上讨论。教师把微课和学习资源发给家长,由家长播放或转发给孩子看。

第二种,"校内翻",即前置学习和课堂讨论都在学校内完成,只不过分成两次课来做。第一次课在机房看微课和学习资源,第二次课回到教室进行讨论。两次课可以不连堂。

第三种,"课内翻",即前半节课看微课和做练习,后半节课讨论。这种做法的好处是操作比较便利,教师自己就可以掌控。

笔者于2014年在中国大学MOOC上认真学习并以优异的成绩完成了北京大学汪琼教授讲授的翻转课堂教学法(0401PKU002)。翻转课堂教学法从什么是翻转课堂教学法、如何布置自主学习任务、如何制作优质教学视频、如何组织课堂学习活动和如何实施翻转课堂五个方面揭示了翻转课堂教学法背后的教学原理,分享了成功实施的经验和秘诀。

笔者于2018年5月以采用翻转课堂教学方式开展的教学设计面向深圳市高中化学教师,执教了这堂公开课,听课老师反响良好,利用教学之余,将此教学设计整理成文进行了发表。翻转课堂作为一种以学生为主体的新型教学模式已受到广泛关注,化学能转化为电能的教学设计已有很多文献报道,本文以"化学能转化为电能"为例介绍了翻转课堂的教学模式，为化学教师有效地设计和实施翻转课堂教学提供了一定的思路与方法。

（一）教学设计思想

传统课堂是学习知识在课堂、内化知识在课外（即先教后练），而翻转课堂是学习知识在课外、内化知识在课堂（即先学后教）。本节内容采用学生自主构建、答疑解惑和迁移应用的翻转课堂的教学模式开展教学，即学生课前通过教师提供的学习资源进行自主学习，课堂上通过学生分组实验和课堂测试进行知识的内化与评价，从而达到教、学、评一体化。

（二）学习内容分析

本节课教学内容是新课标人教版高中化学2（必修）第二章"化学反应与能量"第二节"化学能与电能"的第1课时。本章是学生第一次接触到化学反应与电能之间的相互关系，是化学理论知识在工业生产中的重要应用，而本节内容则是侧重于化学能转化为电能的研究，是氧化还原反应的重要应用之一，也是实现氧化还原反应这一主干知识的螺旋式上升的一个重要环节，因此本节课的教学重点是原电池的概念、工作原理和构成条件，本节课的教学难点是原电池的工作原理和构成条件。

（三）学习目标分析

本节课学习目标是掌握原电池的概念、工作原理和构成条件，并且会简单运用。教师通过对课前自主学习任务单的完成情况以及课堂测试结果的分析，判断学生是否达到了自主学习目标。

（四）学生特征分析

高中学生对化学已有一定的感性认识，本节内容与生活紧密相连，有一定的趣味性。基于高中学生有一定的自主学习能力，教师可提前录制铜锌原电池原理和原电池构成条件的微课，以及铜锌原电池实验和水果电池实验的视频，以供学生自主学习。为了督促学生课前自主自觉观看相关微课及视频和提高学习效率，课堂上不会再重复讲解相应的内容，并且要求学生独立完成课前自主学习任务单，然后在课堂上进行分享。

（五）课前任务设计

1. 课前预习

课前自主学习资料：教材之外的学习资源请登录微信公众号——化学教与学。

（1）纸质材料：新课标人教版高中化学2（必修）教材：第39~42页、电池发展史。

（2）微课视频：铜锌原电池的工作原理、原电池的构成条件。

（3）实验视频：铜锌原电池实验、水果电池实验。

2. 课堂学习

阅读教材，观看微课视频和实验视频，完成下列学习任务：

（1）阅读教材第39页，写出一次能源和二次能源的定义。

（2）阅读教材第39~40页，写出火力发电的能量转换过程。

（3）阅读资料《电池发展史》，写出世界上第一个电池的发明者。

（4）观看实验视频《铜锌原电池》，试回答下列问题：

① 铜片上为什么会有气泡产生？

② H^+ 得到的电子是铜失去的还是锌失去的？如何检验？请设计出你的实验方案。

③ 指针为什么会发生偏转？

（5）阅读教材第41~42页，并观看微课《铜锌原电池的工作原理》，试回答以下关于原电池工作原理的问题。

① 正、负极的判断；

② 外电路中电子流向；

③ 内电路中正、负离子流向；

④ 负极的电极反应式，正极的电极反应式；

⑤ 电池总反应式；

⑥ 原电池的反应本质。

（6）观看微课《原电池的构成条件》，请写出原电池的构成条件。

（7）观看实验视频《水果电池实验》，尝试在家制作一个水果电池。

3. 课后检测

（1）下列各项中，属于一次能源的是（　　　）。

①煤　②石油　③天然气　④煤气　⑤电力

A. ①②③　　　　　　　　　　B. ①②④

C. ②③⑤　　　　　　　　　　D. ③④⑤

（2）对于原电池的电极名称，叙述不正确的是（　　　）。

A. 发生氧化反应的一极为负极　　　B. 正极为电子流入的一极

C. 活动性弱的金属为负极　　　　　D. 电流流出的一极为正极

（3）在以稀硫酸为电解质溶液的铜锌原电池中，下列判断正确的是（　　　）。

A. 溶液的酸性逐渐增强　　　　　　B. 铜片逐渐溶解

C. 溶液中H$^+$向锌片作定向移动　　　D. 锌片是负极并被氧化

（4）根据下图装置填空：

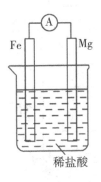

稀盐酸

①负极（　　片），电极反应式_____。

②正极（　　片），电极反应式_____。

③电池总反应式。

④外电路电子流向。

⑤内电路正、负离子移向。

（六）课上任务设计

学生组建4人一小组团队，领取课堂导学案。

（1）反馈矫正，答疑解惑

根据学生课前自主学习任务单的答题情况和记下的困惑进行反馈，课上集中答疑解惑。

（2）验证探究，感受真知

学生通过课前自主学习，完成验证实验和探究实验，并展示与分享，感受真知，进一步理解原电池的工作原理和构成条件。

（3）迁移应用，能力提升

精选习题，当堂测试，当堂评价。

（4）课堂总结，小组评价

学生小结本节课的内容，教师给出评价，并对表现优秀的小组给予表扬。

（七）教学流程

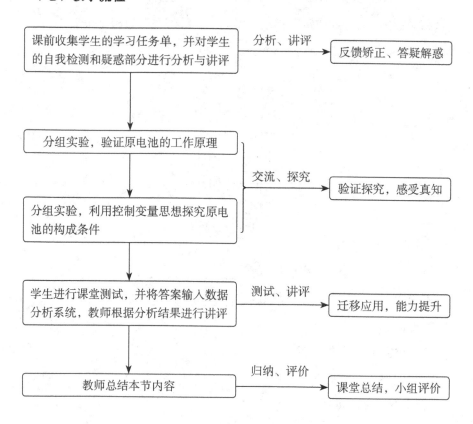

（八）教学过程

教学环节	教师活动	学生活动	设计意图
反馈矫正答疑解惑	课前收集学生的学习任务单，并对学生的自我检测和疑惑部分进行分析与讲评	学生将自主学习的疑惑和自我检测反馈给教师	检测学生自主建构的效果
验证探究感受真知	利用提供的仪器和药品进行学生分组实验，验证原电池的工作原理	学生进行分组实验，并记录实验现象，完成表格，最后分享实验现象	通过分组实验验证原电池的工作原理
	利用提供的仪器和药品，分4组分别探究原电池构成的四个条件	各组首先讨论探究实验方案，然后进行实验，并记录实验现象，最后各组代表分享实验方案和现象	进一步认识原电池构成的条件，使学生学会利用控制变量的思想进行实验探究
迁移应用能力提升	借助优伴教育，组织学生完成课堂测试题（10道选择题和1道填空题），对学生的答题结果进行统计分析，并重点讲评准确率低的试题	学生动手独立完成10道选择题，并将答案写在答题卡上，然后再做最后一道填空题	通过课堂测试，评价学生的学习效果，及时解决学生的问题，达到教、学、评一体化
课堂总结小组评价	总结本节内容，并对表现优秀的小组进行表扬	与教师一起回顾并归纳总结本节内容	培养学生归纳整理能力，巩固本节内容

（九）教学反思

本教学形式采用以下步骤实施：首先，学生课前阅读教材、观看实验视频及微课，独立完成课前自主学习任务单；然后，学生在课堂上进行实验探究、展示与质疑及课堂测试，教师进行有针对性的指导，并总结与点评。该教学设计充分展示了以学生为学习主体的教学模式，即发挥学生的主观能动性，学生自主建构，教师组织与协助学生解决疑惑。通过翻转课堂这种教学模式，很好地提高了学生自主学习的能力和高中化学核心素养。

基于真实情境下的实验探究专题复习

深圳市盐田区实验学校　陈丽珊

（一）背景介绍

科学探究是学生积极主动地获取化学知识、认识和解决化学问题的重要实践活动。2019年11月20日，教育部颁发了教基〔2019〕16号文件《关于加强和改进中小学实验教学的意见》，指出："强化学生实践操作、情境体验、探索求知、亲身感悟和创新创造，着力提升学生的观察能力、动手实践能力、创造性思维能力和团队合作能力，培育学生的兴趣爱好、创新精神、科学素养和意志品质。"各地教师对化学实验的重视程度不断提升，除了加大基础性实验的开设力度，也积极尝试开设拓展性实验，以满足不同层次学生的个性化发展。

此外，实验类题目的测评比重也在增加。然而，中考复习资料铺天盖地、良莠不齐，科学探究实验复习往往单纯靠刷题讲题的授课方式，教师替代学生解决问题，学生在中考中遇到"结合新情境考查学生的化学学科素养和化学学习能力（获取信息、分析解决问题、实验探究能力）"的试题输出困难。而素养立意的中考要求教师设计的教学：注意创设真实而有意义的学习情境，合理选择、利用不同的教学资源对教学主题进行加工处理，重新组织和构建教学内容，设置能有效驱动学生深度学习的问题情境和多样化的学习活动内容，让学生在问题解决的过程中习得内在的原理及学科思想方法。在课堂教学过程中教师通过创设问题情境，使无形的"情"和有形的"境"有效地整合在一起，课堂教学的效益就会有很大的提高。问题情境就是揭示学习任务与学生原有认识水平之间的矛盾，并使学生认识到解决这个矛盾的必要性，从而激发学生的认知需求。因此，在实验探究专题复习中尝试真实情境下的问题解决、构建模型，培育学生学科核心素养、应对新中考是本文呈现的主题，现将其整理成文以供参考。

（二）教学过程设计

1. 教学设计思路

在以往的实验探究专题复习课中，往往采取的是题海战术，通过给学生布置大量的习题从而让学生自己找到做题的感觉以及方法，并没有给学生完整的做题思维建构。

本节课通过创设真实的实验情境，设计了本节专题复习课的教学目标，包括：

（1）具有一定的科学探究能力，掌握实验探究题的分析思路、解题方法以及解题技巧。

（2）善于从生活中提出问题、做出猜想等，体验科学探究的过程。

（3）增强学生对生活中化学现象的好奇心，激发学生的探究兴趣，体验科学探究的快乐。感受和关注科学探究与生活的密切联系。培养学生科学的实验观以及实验素养。

为了达到教学目标，在本节课中笔者将课程分为四个环节：环节一，通过生活问题创设学生熟悉的情境，尝试采取让学生亲身经历实验探究的过程。在本环节中与学生一起完成科学探究的步骤：提出问题→猜想与假设→设计实验→进行实验→收集证据→得出结论，激发学生的复习兴趣，打破传统复习课枯燥无味的现状。注重学生活动的设计，将学生分组实验活动与科学探究步骤的复习有机结合起来，理论联系实际，既能培养学生设计实验和动手操作能力，又能复习科学探究的步骤和方法，将感性与理性融合。同时通过实证研究，培养学生科学的实验观以及实验素养。环节二，通过运用在环节一中掌握的探究流程来解决问题，从实际操作到理论规范答题的转化。通过在课堂上的练习，引导带领学生构建实验探究题的分析思路和解题技巧，强化知识之间的内在联系，构建知识网络。环节三，通过有效问题引导学生讨论，在解决问题的过程中进一步提炼完善，帮助学生构建完整的做实验探究题的思路与方法，构建了一般的思路，又构建了每一步的方法。同时在此过程中重点归纳了实验设计的一般原则："科学性""安全性""可行性""简约性""环保性"。这些总结性的知识对学生来说影响是深远的。

环节四，用生活问题的解决结尾，让学生运用本节课所建构的关于实验探究题的框架来解决实际生活问题，学生通过观看身边的同学进行实际探究过程的视频，充分激发学生的探究兴趣。由生活情境导入，再到生活结尾，起到首尾呼应的效果。在做题时科学探究的四个要素，拓展到实际探究中需要八要素。学生掌握方法后再激发兴趣，使得学生在生活中都会有科学探究理念，使科学探究成为学生终身受用的科学素养，让学生体会化学的魅力。进一步培养学生发现问题、分析问题、解决问题的能力以及求异创新的能力。

2. 教学活动安排

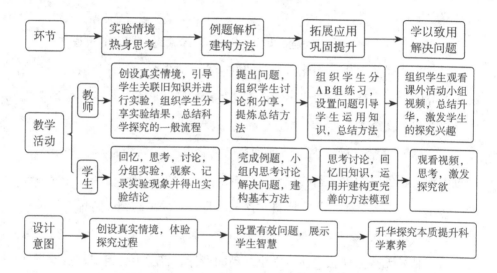

本节课的教学环节、活动设计如上图所示，下文对其设计进行具体阐述。

3. 具体教学过程

环节一：真实问题实验探究

师：这是一包久置变质的生石灰干燥剂，那现在变成了什么物质呢？

生1：生石灰会和空气中的水反应，所以它是$Ca(OH)_2$。

生2：$Ca(OH)_2$还会和CO_2反应生成$CaCO_3$，所以可能是$CaCO_3$。

生3：也有可能是$Ca(OH)_2$和$CaCO_3$的混合物。

师：那如何用化学方法检验该干燥剂的成分呢？

生4：可以用CO_2检验$Ca(OH)_2$，用稀盐酸检验$CaCO_3$。

生5：还可以用酚酞溶液或者硫酸铜溶液检验$Ca(OH)_2$……

师：很好，这些办法都能用，不过我们应该选择实验现象最明显的方法来检验，根据我们刚才的讨论，请大家试着来设计一下实验方案。并根据你的实验方案分小组进行实验验证。

教师引导学生进行小组讨论，选择合适的试剂以及实验方法进行实验。并在实验过程中引导学生观察和记录实验现象，实验结束后进行小组间分享实验过程以及结论。其间通过希沃授课助手进行辅助教学，展示学生的实验过程以及实验结果。

师：通过刚才的实验，我们在进行科学探究的时候经历了哪些过程呢？

生1：做出假设，进行实验，得出结论。

生2：结论是根据实验现象推理出来的。

环节二：

通过环节一的实验探究，学生知道了科学探究的基本流程可以大致分为四个部分：假设→实验→推理→结论。那么在实际做题中要如何应用呢？学生先自主完成例题，完成后设计问题情境组织学生小组内讨论：

问题一：在本题中操作—现象—结论各环节之间有何联系？

实验步骤	实现现象	实验结论
取样，加适量水，搅拌，过滤 a.取少量滤液于试管中，滴入酚酞试液 b.取少量滤渣于试管中，加入盐酸	a._____ b._____	氢氧化钙部分变质

实验步骤	实现现象	实验结论
取样，加适量水，搅拌，过滤 a.取少量滤液于试管中，滴入_____ b.取少量滤渣于试管中，加入_____	a.溶液中产生蓝色沉淀 b.无气泡产生	氢氧化钙没有变质

生：实验现象可以根据实验步骤以及实验结论推出。

生：实验步骤是根据实验结论和实验现象推导得出的。

师：从此我们可以看出实验过程中，操作、现象、结论各环节间是一一对应的关系。

问题二：如何进行科学猜想？

例. 小明和小艳在实验室配制石灰水时，小明同学将两药匙熟石灰样品放入小烧杯中，向其中加入一定量的蒸馏水，充分搅拌后发现烧杯底部仍有不溶性固体，于是他认为熟石灰样品已经变质。小艳同学不同意他的判断，你认为小艳同学的理由是_____。同学们针对该熟石灰样品的成分展开了讨论，请你参与讨论并完成实验报告。

① 提出问题：这瓶熟石灰是否已经变质，其成分是什么？

② 进行猜想：

A：氢氧化钙全部变质，成分为碳酸钙；B：氢氧化钙部分变质，成分为_____；C：氢氧化钙没有变质，成分为_____。

生：猜想可以从化学反应后的产物去推理。

环节三：

在本节课中，给学生充分展示的机会，更能突出学生在课堂学习中的主体地位，有利于学生提高化学语言表达能力，同时也能及时纠正学生的知识漏洞。在本环节中，组织学生根据前面总结的做题思路框架以及方法，分甲、乙组限时做题，在学生完成甲、乙组两道题目后我设置了如下几个问题，供学生交流讨论，激发学生深度学习。

方法线

猜想 → 元素守恒

实验 → 方案评价、物质的特性、特征实验、先后顺序、控制变量

推理 → 题干信息

问题线

Q1：为什么猜想①一定是错误的？由此可见可以如何进行科学猜想？

A组：草酸（$H_2C_2O_4$）存在于自然界的植物中，在温度170℃以上时易分解，某校化学兴趣小组为确定草酸分解产物，做了如下探究。

提出问题：草酸的分解产物是什么？

猜想与假设：

猜想①：CO、CO_2；

猜想②：CO、H_2O；

猜想③：CO_2、H_2O、H_2；

猜想④：CO、CO_2、H_2O。

经小组同学分析得出上述猜想_____一定是错误的。

Q2：该装置中，气体CO、CO_2、H_2和H_2O的检验顺序分别是怎样的？

Q3：B、C装置能否互换？CO和H_2的检验顺序能否互换？

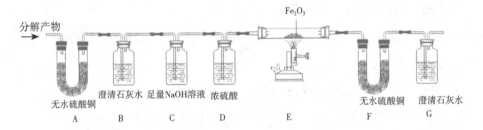

Q4：选择实验方案时应该注意些什么？

交流反思：为防止污染环境，该实验应增加_____。

Q5：在本实验中运用了一个什么重要思想？

实验序号	H_2O_2溶液的溶质质量分数/%	温度/℃	MnO_2粉末用量/g	反应时间/s
①	30	35	0	1
②	30	55	0	2
③	5	20	0.1	3
④	15	20	0.1	1

这三个环节的板书设计如下：

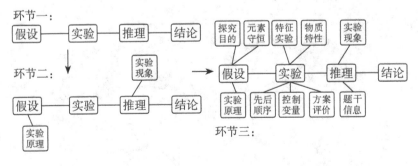

环节四：

师：在我们的生活中，还有许多值得我们去探究的问题，比如在冬天常

第二章 课堂教学

见的暖宝宝，你们知道其中的粉末是什么吗？

生1：可能是铁粉。

生2：可能是碳粉。

生3：也有可能是铁粉和碳粉的混合物。

师：那我们来看看课外活动小组是怎么去探究暖宝宝黑色物质的成分的。请大家观看视频。

【提出问题】暖宝宝中的黑色物质是什么？

【做出假设】猜想1：铁粉；猜想2：碳粉；猜想3：铁粉和碳粉的混合物。

【设计实验】

对于探究暖宝宝中的铁粉和碳粉，提出的实验方案有以下几种：

猜想	方案
铁粉	①取少量固体置于烧杯中，加入稀盐酸
铁粉	②取少量固体置于烧杯中，加入$CuSO_4$溶液
铁粉和碳粉	③用磁铁吸引，将剩余不被吸引的固体于燃烧匙中灼烧，用内壁涂石灰水的烧杯罩在火焰上方检验产物
铁粉和碳粉	④用磁铁吸引，取少量能被吸引的粉末置于烧杯中，加入稀盐酸
碳粉	⑤取少量固体置于烧杯中加稀盐酸，观察是否有不溶物

小组对上述方案进行评价，从评价方案的科学性、安全性、可行性、简约性出发，通过讨论分析，一致认为方案②、③、④是可行的，并按照确定的方案进行实验探究。

【实验过程记录】

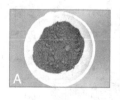

A. 暖宝宝呈黑色固体；

B. 一部分黑色粉末被磁铁吸引；

C. 加入稀盐酸后有气泡产生；

D. 过滤后滤液颜色为浅绿色；

E. 加入硫酸铜溶液后烧杯中有红色固体析出；

F. 过滤后滤液颜色为浅绿色；

G. 点燃有火星冒出；

H. 用石灰水检验燃烧产物，石灰水变浑浊。

【得出结论】通过对各组实验结果进行分析总结，我们可以得出：暖宝宝中的黑色物质含有铁粉和碳粉。

师：在平时的做题中可以体现出科学探究只有其中的几个环节，而在我们实际的探究过程中经历的过程是：提出问题、猜想与假设、查阅资料、制订计划、进行实验、收集证据、解释与结论、反思与评价、表达与交流。这是一套完整的科学探究的流程。在我们的生活中也有很多值得我们去探究的问题，希望大家在学习完这一节课后，能运用所学的化学知识来解决生活中的问题。

（三）教学成效反馈

1. 反馈方式

教学完成后，对该班级的41名初三学生以纸笔测试的形式进行问卷调查，从科学探究的8个过程进行调查学生对本节课的反馈与评价。调查问卷共18道题，采用李克特式5点量表计分法，选项包括非常同意、同意、一般、不同意和非常不同意，分别记为5、4、3、2、1分。发放问卷41份，回收问卷41份，回收率100%。

2. 反馈结果分析

采用SPSS 25.0进行定量数据分析，本次调查问卷的Alpha值为0.96，信度良好，说明学生的问卷结果一致性较好，可信度高。

个案处理摘要			
		个案数	%
个案	有效	41	100.0
	排除ᵃ	0	0
	总计	41	100.0

a. 基于过程中所有变量的成列删除。

可靠性统计	
克隆巴赫Alpha	项数
0.96	18

SPSS 25.0软件对样本测试的结果，学生调查问卷各题平均分，见下表。

要素	题号	发展科学探究能力具体目标内容	答题平均分	项目平均分
提出问题	1	我能从日常现象或化学学习中，独立地或经过启发发现一些有探究价值的问题	4.24	4.24
猜想与假设	2	我能够主动地或在他人的启发下对问题可能的答案做出猜想或假设	4.41	4.39
	3	我具有依据已有知识和经验对猜想或假设做初步论证的意识	4.36	
制订计划	4	我能够在教师指导下或者通过小组讨论，根据所要探究的具体问题设计简单的化学实验方案	4.22	4.37
	5	我具有控制实验条件的意识	4.51	
进行实验	6	我能独立或与他人合作进行一些简单的实验操作	4.41	4.44
	7	我能够在实验过程中注意观察实验现象以及思考	4.46	
收集证据	8	我认同收集证据的重要性	4.66	4.53
	9	我能够在实验过程中对物质及其变化进行观察	4.56	
	10	我能够独立地或与他人合作对观察和测量的结果进行记录，并会运用图表等形式加以表述	4.37	
	11	我会初步学习运用查阅资料等方式收集证据	4.54	

要素	题号	发展科学探究能力具体目标内容	答题平均分	项目平均分
解释与结论	12	我能够对事实与证据进行加工和整理，初步判断事实证据与假设之间的关系	4.41	4.46
	13	我能在教师的指导下或通过讨论，对所获得的事实与证据进行归纳，得出合理的结论	4.51	
反思与评价	14	我能对探究结果的可靠性进行评价	4.39	4.38
	15	我能在教师的指导下或通过讨论对实验方案以及实验过程进行反思，并提出改进的具体的建议	4.37	
表达与交流	16	我能够运用口头、书面等方式表述探究过程和结果	4.24	4.35
	17	我会描述实验现象，并能与他人进行交流和讨论	4.44	
	18	与他人交流讨论时，我敢于发表自己的观点，又善于倾听他人的意见	4.37	

根据SPSS 25.0软件对样本测试的结果，得到如上表所示的学生调查问卷各题平均分，由问卷反馈可知，学生答题均分介于4.2～4.7。在探究过程的八要素中，学生在提出问题方面的得分最低，说明教师在上课过程中没有充分保护学生的好奇心，问题往往由教师给出，并没有引导学生自主发现问题。在制订计划中，能够在教师指导下或者通过小组讨论，会根据所要探究的具体问题设计简单的化学实验方案这一方面也是得分较低，说明学生在设计实验方案这一方面比较欠缺，对于物质的特征性质和特征反应的运用不够自如，在今后的教学中需要加强此方面的训练。得分较高的是收集证据这一模块，说明教师在上课过程中善于引导学生去观察实验现象，同时学生对于收集证据的重要性认可程度较高，说明教师平时在此方面的教学比较有效。

3. 反思与总结

在课堂上创设真实的实验情境，点燃学生的探究好奇心。自然且恰当的教学情境，有利于营造良好的学习氛围，激发学习兴趣。使学生沿着知识产生的脉络，准确把握学习内容。本节课采用真实的实验情境，干燥剂变质后的物质探究，以此激发学生的学习兴趣，有效激发了学生学习的内驱力。在真实情境下引导学生亲历探究过程，动手实验，让学生在动手实验和设计实验方案过程中，通过动手操作、讨论交流、分析、归纳、总结出探究的一般思路与方法，体会到了探究学习的乐趣，提高了分析问题、解决问题的能力。通过学生汇报展示和书写实验过程中的实验记录，引导学生正确描述实验步骤、现象和结论，提高学生使用化学语言的规范性和准确性。在通过收集证据过程中培养学生严谨思维，提升分析能力。在本节课中还有以下待改进之处：课堂节奏太紧，留给学生思考时间较短；给学生单独表达机会太少。

参考文献：

［1］福建省教育厅.福建省初中学科教学与考试指导意见（化学2018年版）［M］.福州：福建人民出版社，2018.

［2］舒聪胜.例谈利用实验创设问题情境的化学教学研究［J］.和田师范专科学校学报，2005（5）：151–152.

［3］王国峥.促进学生高阶思维发展的化学复习课实验设计的研究［J］.化学教育，2016，37（5）：32–36.

第五节 教学评价

课程评价对学生的学习效果和学习成就有着重要影响。教学评价包括形成性评价和终结性评价。终结性评价，也叫结果性评价，终结性评价以评分和判断是否达标为目的，侧重学习者之间的相互比较。形成性评价，也叫过程性评价，是相对于终结性评价的一种基于学习过程的评价；形成性评价更加关注学习过程，以促进学生学习并提升学生自我调节学习能力为目标。形成性评价是为了改进的评价，在评价时重视师生间的沟通反馈，以学生的学习效果调整教师的教和促进学生的学，以提高教学过程的有效性，促进教学目标的达成。

《普通高中化学课程标准（2017年版2020年修订）》指出：化学学习评价是化学教学评价的重要组成部分，对于学生化学学科核心素养具有诊断和发展功能。教师在化学教学与评价中应紧紧围绕"发展学生化学学科核心素养"这一主旨。化学学习评价包括化学日常学习评价和化学学业成就评价（主要有化学学业水平合格考试和化学学业水平等级考试，见"学业水平考试命题建议"）。应树立"素养为本"的化学学习评价观，紧紧围绕化学学科核心素养的发展水平和化学学业质量标准来确定化学学习评价目标，注重过程性评价和结果性评价的有机结合，灵活运用活动表现、纸笔测验和学习档案评价等多样化的评价方式，倡导学生自评、同伴互评与教师评价相结合，充分发挥评价促进学生化学学科核心素养全面发展的功能。

化学日常学习评价是化学教学不可或缺的有机组成部分，是化学学习评价的一种重要表现形式，是实施教、学、评一体化教学的重要链条。提问与点评、练习与作业、复习与考试等是有效开展化学日常学习评价的基本途径和方法。课堂提问的设计应有意识地关注化学学科核心素养达成情况的诊断。课堂点评应有的放矢，增强促进学生化学学科核心素养发展的指导性。教师应注意发挥课堂联系和课后作业对于学生化学学科核心素养的诊断与发展功能，依据课程内容各主题的学业要求，精心编制或精选课堂练习和课后作业题，使教、学、评活动有机结合，同步实施，形成合力，有效促进学生化学学科核心素养的形成与发展。单元与模块复习应依据内容要求，围绕化学核心概念和观念的结构化来进行，通过提问或绘制概念图等策略，诊断学生化学核心概念和观念的结构化水平。单元与模块考试应以学生化学学科核心素养的达成情况为考核重点，试题命制应以学业质量标准的要求为依据，题目应具有一定的情境性和综合性，为学生解决真实情境下不同复杂程度化学问题提供素养表现的机会。通过考试，教师可以较为准确地诊断出学生化学学科核心素养的发展水平和化学学业质量标准的达成情况，为有针对性地提出学生化学学科核心素养发展的改进建议提供依据。

一、理论基础

1. 建构主义学习理论

建构主义学习理论被广泛地用于教学中，并对教育研究领域产生了深远的影响。建构主义学习评价观主要有三点：第一，强调评价标准的多层次性和多维度；第二，强调知识构建过程的评价；第三，强调自我和元认知发展的评价。学习评价不仅要评价学生的学习结构，还要评价学生的学习过程。教师要对学生学习过程中的每一次进步和成功给予评价，使学生体验获得知识的快乐。形成性评价强调评价主体的多元性，不仅是教师对学生进行评价，还应该有学生的自评和互评。它强调以多种评价方式对学生的学习过程进行评价。

2. 布卢姆教学理论

美国著名的教育家布卢姆创立教育目标分类理论、掌握学习理论及教育评价理论。

布卢姆将教学中应达到的目标分为三个领域：认知领域、情感领域和动作技能领域。每一个目标领域依据从简单到复杂的程度又被进一步地细分。布卢姆的教育目标分类理论给形成性评价在内容和方法上提供了理论支撑。形成性评价相比总结性评价，其在认知、情感和动作技能领域有着更广泛的教育目标。所以形成性评价具有较多的形式，如试卷的评价、课堂提问、作业的评价等。

掌握学习理论的最大特点是操作性强。该理论主要是一种致力于改进班级教学并使学生提高学习效率的方法。掌握学习理论注重形成性评价，注重反馈和矫正。学生能够在反馈和矫正的过程中不断进步，并体会到成功带给自己的快乐。掌握学习理论认为："如果确定了学生学习要达到的掌握水平，并使教学及每个学生的学习时间与他们自身特点和需要相适应，那教师能确保每个学生达到这一掌握水平。"

布卢姆更重视对学生的学习过程进行评价，他指出："评价不在教学过程之外，而是教学或学习过程的一个有机组成部分。"布卢姆认为形成性评价在教学中的实施方法有两大类：第一类可以通过课堂表现、提问和课堂作业检查等方式，获取学生的反馈信息，及时评价学生；第二类可以在单元结束后，制定试题对学生进行测验，并根据学生在测验中的具体表现进行形成性评价，了解学生的学习目标达成情况。如果学生没有达到学习目标的要求，教师要给予学生指导，帮助学生达成学习目标。

3. 加德纳多元智力理论

美国心理学家加德纳认为人具有9种智力：音乐智力、人际智力、语言智力、逻辑-数理智力、内省智力、运动智力、自然观察智力、存在智力和空间智力。多元智力理论促使课程功能开始发生转变，教师不再只关注学生的考试成绩，也开始关注学生的全面发展。多元智力理论倡导的评价思想与新课程评价改革的方向一致，并为"建立促进学生核心素养发展的评价体系"提供了理论依据和支持。形成性评价符合它的理念，是这个理论的具体运用。因此，我们应树立多元化的评价观，在考查学生知识的掌握情况的同时，对学生解决问题的能力进行评价，发挥评价促进学生核心素养全面发展的功能。

二、形成性评价

国内许多基于形成性评价的教学改革实践存在一些认识上的误区：第一，形成性评价仅仅用于学生学习效果的成绩记录，并没有达成改进教与学这一主要目标；第二，多数研究和实践对学生学习效果的评价仅停留在给出分数和等级，缺乏对所获信息的深入科学分析和进一步给学生提供有切实指导意义的个性化评语；第三，评价信息反馈和改进这一环节，多数教改时间仅停留在对学生信息的及时反馈，对学生后期学习的改进缺乏相应措施；第四，有关学生学习情况信息并未被很好地用于改进和完善教师的教学设计与教学管理。

形成性评价要给出学生学习效果的准确评价，仅给出分数和等级是不够的，还需对获取信息进行分析，给出切合实际并具有指导意义的评语。如何给出恰当的评价和评语，这需要依据教育和教学目标对学习活动的内容和形式，以及评价内容和评价方法等。

目前广泛使用的学习活动可以分为测试型和非测试型。

测试型教学活动（各种形式考试和测验）使用广泛、公平、易操作，易于测试学生对知识和技能的掌握程度，但对非知识、非技能的综合能力和基本素养的评价就有一定的局限性。

非测试型教学活动主要包括：课堂演讲（PPT）和展示（小作品）、课堂讨论、课程群内讨论、知识拓展报告、综述报告、小组合作学习、自主学习笔记和章节思维导图等形式，考查内容涵盖学习态度、学习积极性、学习策略、自主学习、自我管控、分析解决问题、书面和口头表达、沟通交流、团队协作等能力，极大地丰富了评价视角和内涵。

评价方式采用评价量表，最终反馈给学生的信息大多仍然是根据评分和权重得出的分数或等级，如果能给学生反馈一个具体指导建议的个性化评语，会对学生今后的学习和发展更具指导意义。评价也可以多角度，除了教师评价，还有学生自评和同伴互评等方式，都需设计符合学科及学生特点的个性化评价量表。

及时反馈对学生的评价信息（评分和评语）也是形成性评价不可或缺的环节。传统课堂上师生交流只能解决重要或典型问题，难以做到每名学生个性化评价信息的及时准确反馈，大数据时代的智慧教学工具和教学管理平台为评价信息的及时反馈和随时获取提供了条件。强化评价信息的反馈和对学习行为的修正作用，给出评分和有具体改进建议的个性化评语，能够帮助学生在了解自己学习状况的同时，使用自我调节策略，修正学习行为，提高学习效果。

形成性评价不仅是对学生学习效果的评价，也是对教师教学效果的检验。反馈信息不仅能促进学生的学习，也为教师改进教学提供了依据。

三、终结性评价

终结性评价是对一个学段、一门课程的教学质量的综合评价，其目的是对教师和学生阶段性教学效果、学习质量做出结论性评价。例如我们熟悉的单元测试、期中考试、期末考试、学年考试、学考、高考等都是终结性评价。

终结性评价存在的必要性：首先，中国的考试制度由来已久；其次，终结性评价简便直观易操作；最后，终结性评价有利于甄别和选拔人才。当然，终结性评价也存在一些问题，比如这种评价易给教师或学生以错误的导向——唯分数论。

终结性评价作为一种评价方式，不可或缺。我们在肯定其积极作用的同时，也必须正视其存在的问题。应克服终结性评价的诸多弊端，充分发挥这种评价方式的正能量。

终结性评价与教学目的是相互联系的，终结性评价就是对教学目的的完成情况的审查与总结反馈的过程。总结反馈这个环节是对教学进行收尾，并在评价中对教学进行总结，对教学过程进行反思。终结性评价不仅是对教师教学效果的总结，也是对学生知识掌握情况的评价，而且可以对教师的教学方式进行评价，给教师提供一些意见与建议，帮助教师更好地开展教学。一个更直接、更清晰且应用更为广泛的终结性评价方式就是考试，教育工作者采用的最直接、最刻板的方式就是对学习进行一次终结性评价，这样的方式能将教学结果量化，使教学目标完成情况更清晰、更直观。传统教学十分重视以考试为形式的终结性评价，但是这样的方式难免会使终结性评价显得浅薄、表面化。这就要求教育工作者进行创新，采用多样化的方式进行多方面的评价。

传统化学考试，特别是基于标准化测验的大规模化学考试，其单一的题型，旨在评定学生等级的总结性评价，已不能适应新时代下核心素养的评价标准。因而，对其进行丰富和扩展，亦是当前国际流行的一种重要实施策略。包括使其题目形式多样化，如化学开放性与主观性问题、档案袋与项目评价方式等。

1. 试题的命制

根据《普通高中化学课程标准（2017年版2020年修订）》中的学业水平考试命题建议进行试题的命制。

（1）命题框架

根据学业水平考试的目的，化学学业水平考试命题必须坚持以化学学科核心素养为导向，准确把握"素养""情境""问题"和"知识"4个要素在命题中的定位与相互联系，构建以化学学科核心素养为导向的命题框架，命题框架如下图所示。

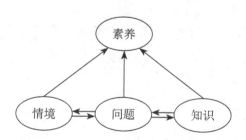

上述框架表明，"情境"和"知识"同时服务于"问题"的提出与解决；"问题""情境"和"知识"三者之间存在着密切的联系；情境的设计、知识的运用、问题的提出与解决均应有利于实现对学生核心素养的测试。

（2）命题原则

① 以核心素养为测试宗旨。命题应坚持以化学学科核心素养为测试宗旨，熟悉、理解化学学科核心素养的内涵和水平描述，并以化学学业质量标准为依据，从相应的学业质量水平入手提炼、确定各试题的测试目标。

② 以真实情境为测试载体。试题情境的创设应紧密联系学生学习和生活实际，体现科学、技术、社会和环境发展的成果，注重真实情境的针对性、启发性、过程性和科学性，形成与测试任务融为一体、具有不同陌生度、丰富而生动的测试载体。

③ 以实际问题为测试任务。试题的测试任务应融入真实、有意义的测试情境；试题内容与提出的问题应针对本课程标准中的内容要求，突出化学核心概念与观念，符合学生心理发展阶段和认识发展水平，与所要测试的核心素养和测试目标保持高度一致，形成具有不同复杂程度和结构合理的测试任务。

④ 以化学知识为解决问题的工具。化学知识是解决实际问题、完成测试任务不可或缺的工具；应结合命题宗旨和目标，根据测试任务、情境的需要，系统梳理解决问题所要运用的化学知识与方法，注重考查学生灵活运用结构化知识解决实际问题的能力。

（3）命题程序

以化学学科核心素养为导向的一般命题程序如下图所示，其中各环节的先后顺序不是固定的，命题时可根据具体情况灵活运用。

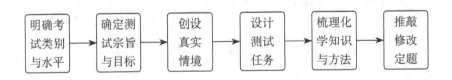

由上图可知，在同一个测试目标下，可以创设不同的真实情境，提出不同复杂程度和结构合理的实际问题，形成不同难度的测试任务，因而解决问题所运用的化学知识与方法也会有所区别。命题者应高度重视试题难度的控制研究。应依据学业水平合格性考试和等级性考试的特点，结合化学学科核心素养和学业质量标准各水平的要求，以及本地区化学课程实施的实际，科学、合理地确定试题的平均难度。

2. 档案袋评价

在教师的监督和引导下，对每个学生建立专门的档案袋，由专门的学生保管，将学生在化学教学课堂、实验课堂、课外活动及期末考试的各种表现都记录在档案袋内，同时建立学生自评、互评和教师考评相结合的评价机制。在学期末，学生、家长、科任教师、班主任和学校领导都可以查看档案袋，学生可以更详尽地了解自己，改正自己的缺点，家长和教师们也可以更客观地评价学生的学习情况。

3. 项目评价

以下是鲁科版化学第三章第二节的"硝酸的性质及应用"课例中某个学生学习结果的项目评价表（如下表所示）。

项目	建议	理由	得分	评定
试剂用量建议	$n(Fe)$：$n(HNO_3)$=3：8	$3Fe + 8HNO_3 = 3Fe(NO_3)_2 + 2NO\uparrow + 4H_2O$	15	必须重视题目给出的信息；亚铁盐的性质理解有待加深
温度控制建议	温度不能过高	温度过高，引起硝酸分解，增加成本	15	要全面考虑问题，如：温度还可能影响反应产物改变，导致硝酸挥发等
浓度控制建议	6～8 mol/L HNO_3溶液	浓度越大，反应速率越快；但是浓度过大，铁被钝化	15	工业生产亦需兼顾原料利用效率、环境污染等可能因素。在具体反应中，硝酸浓度会逐渐下降，怎么解决
体现绿色化学思想	利用废铁皮作为原料	充分利用资源	8	绿色化学思想包含多个维度，如使用低浓度硝酸提高利用率，适当减少其用量；提高能源利用率或节约相应能源；减少排放有害物质，如减少硝酸的挥发等

4. 化学作业情况评价表

在日常作业批改方面，教师可以根据学生的作业情况分成"优、良、中、差"四个层次；也可以将每周学生完成作业的情况分成四个层次：A层按时完成作业，正确率较高；B层按时完成作业，正确率正常；C层未能按时完成作业，正确率很低；D层通常都是迟交或缺交，还存在严重的抄袭现象。这样，就可以让学生按照教师要求开展自我评价，而且还要根据作业本情况以及其他信息让学生进行组内交流，进而明确自己在小组评议中的等级。经过一段时期后，让学生根据学习档案所记载的相关内容开展自我小结和反思，这样明确差距，提升学生在学习过程中的积极性，让学生转变学习习惯，从"要我学"变成"我要学"，从而大幅度提升学习效果。

5. 评价结果采用定性报告与等级计分相结合的方式

对学生学习评价结果的呈现可以是分数或等级，要及时反馈给学生，但不能根据分数排列名次。可采用评语和等级结合的方式，在充分肯定学生的进步和发展的基础上，帮助学生较全面地认识自己在群体中的相对水平，明确发展方向和需要克服的弱点。这样通过形成性评价和终结性评价的结合，全面反映了学生的学习情况，有利于促进学生的发展。

学生都是独特的个体，学生的学习方式、学习效果都各有不同，教师不能用统一的标准去要求所有学生。只有构建起科学的评价体系，综合运用形成性评价和终结性评价相结合的方式，才可能实现对学生化学学科核心素养的培养。

参考文献：

［1］刘萍. 对形成性评价的认识、实践和反思［J］. 化学教育，2021（14）：104-108.

［2］窦洪丽. 基于核心素养的高中化学课堂教学形成性评价研究［D］. 大连：辽宁师范大学，2021.

［3］汤晋. 中学物理教学中形成性评价的应用研究［D］. 哈尔滨：哈尔滨师范大学，2019.

第二章 课堂教学

［4］易鑫.浅谈核心素养导向下的化学教学评价方式变革［J］.广东化工，2021（1）：213-214.

［5］周慧珍.论高中化学教学形成性评价的方法［J］.中国科教创新导刊，2013（24）：69.

（深圳市盐田高级中学　桂耀荣）

第三章

教学比赛

为了增强青年教师履行教学职责的能力，提高青年教师的教学质量，引导青年教师加强教学基本功训练，发现和培养骨干青年教师，各省、市教科院经常举办青年教师教学基本功比赛。教学比赛形式多样，例如优质课比赛、说课比赛、说播课比赛、微课比赛、模拟命题比赛。教师应聘新学校的工作岗位，在面试时也经常碰到无生课堂试讲和结构化面试。

本章主要从优质课漫谈、说课漫谈、说播课漫谈、微课漫谈、无生课堂、命题比赛六个方面进行了详述。

第一节 优质课漫谈

本人于2015年"赣教杯"高中化学优秀教学课例展示活动获得一等奖（全省第二名）。教师如何在优质课大赛中脱颖而出呢？我觉得需要执教教师、教研员、指导教师、备课组乃至科组老师等多方面的集体智慧，尤其是执教教师平时的教学素养和对自己教学能力不断提升的渴望。

教师讲课是一种输出，学生听课是一种接受，一堂优质课究竟效果如何，教师应从反馈中总结归纳以不断提高自己的讲课水平。在课堂上要注意观察学生的表情，以此来掌握学生的接受程度。此外，还可通过作业、答疑、小测验，甚至可以跟同学聊天等各种渠道及时了解学生的疑惑，引入激发学生思考的问题，及时调整讲课的进度，总结如何用最贴切的语言讲述问题……

一、把握热闹的"度"，该"热闹"时才"热闹"

从头热闹到尾的一堂课是不正常的，反之，从头到尾都不热闹的一潭死水的课也不正常。教师应是一堂课的"组织者和引导者"，如何当好"组织者和引导者"的角色是每位教师都必须深入思考的。

二、教师应该给足学生思考问题的时间

每个学生的理解能力是不一样的，一定要因人而异，因材施教。作为课堂的"组织者和引导者"，教师提出的问题应从简单逐步走向复杂，循序渐进，实实在在让学生一步一个脚印走，另外还应注意培养学生读书、思考、

做练习认真细致的习惯。新的教学理念追求生成性、领悟性，但违背生成规律缺乏有效的引导，也会导致学生无所适从，这也是课堂的一种病态。

三、要想使一堂课高效完美，教师应该这样做

（1）摆正心态，自然和谐地生成，不违背规律，不揠苗助长。

（2）认真钻研教材，以生成的动态为导向，提高预设的可变性，不生搬硬套，多设想几套教学方案，根据课堂变化的情况随时改变自己的教法。

（3）设计问题有针对性，提有价值的问题，提学生感兴趣或能激发学生学习兴趣的问题。

（4）根据学生的接受情况随时调整教学内容、教学环节、教学流程，不照本宣科，忌自我陶醉，每一堂课都要树立四种意识：服务意识——为学生的学习服务；需要意识——为学生的需要服务；生成意识——根据课上发生的情况或某种需要，随机调整；效果意识——力争让学生一课一得。

四、讲课技巧

1. 语言语调的技巧

教师讲课的语言应清楚流畅、精练朴实、通俗易懂、幽默风趣，讲课的语调要抑扬顿挫、绘声绘色。对重点内容、公式、定理应加重语气，力求集中学生的注意力，调动学生的学习积极性。否则语言平淡呆板，只能成为催眠曲，使学生昏昏欲睡。教师讲课的语速要适中，要始终与学生的思维协调合拍。

2. 时间分配的技巧

一节课中各部分内容大致需要多长时间，应心中有数，重点和难点需要的时间要长些，讲的力度要深些，切忌主次不分、重点不清。时间分配要讲究科学，前松后紧或前紧后松都会影响教学效果。有的教师讲课开始时怕学生听不懂，反反复复，絮絮叨叨，把精讲变成了繁讲，到后来一看时间不多了，便任意删减授课内容，草草收兵；还有的教师随意拖堂，下课铃响了半天，还在不停地讲，室外喧闹四起，室内无心听讲。草草收兵或随意拖堂都

是不良的教学习惯，应努力克服。

3. 课堂举例的技巧

一堂课45分钟，若教师总是滔滔不绝地讲述，势必得不到理想的效果。适时穿插一些妙趣横生的实例，往往会将一堂平淡的课变得生动、富有情趣。课堂上一个好的例子，可以达到一箭双雕的目的，不但使学生学得懂、记得牢，而且还活跃了课堂气氛。但举例也不能太随意，以免得到相反的效果。

4. 课堂提问的技巧

课堂提问是启发学生积极思维的有效方法，设计的问题必须保持逻辑性、系统性，要注意深浅程度，既不能冒进也不能保守。课堂提问可分为以下三种：

（1）为讲新课铺路的提问。这种提问可创设一些悬念，激发学生的求知欲。从一开始就抓住学生的注意力，为讲清新课内容铺平道路。

（2）为突出重点、难点而有意创设的提问。通过提问，启发学生独立思考，使他们自觉地接受、掌握课堂知识。教师在讲授新内容时如果遇到了旧的知识，不要直接应用，而应采取提问的方式，让学生回答，从而加强教学的系统性和巩固性。

（3）总结式的提问。这种提问一般在每节课的小结中进行，教师可以了解学生对所学知识掌握的程度，最后，还可以请几名学生到黑板上做示范以便纠正学生普遍存在的问题。

讲课的技巧是多方面的，注意上述四个方面的有机结合，取他人之长，补自己之短，就会得心应手、水到渠成，形成具有特色的讲课方式，促进学生注意力的培养。教师要上好课，关键是要抓住学生的注意力。抓住学生的注意力有以下几种办法：①在开始讲课以前，要花几分钟时间让学生静下心来。你如果一开始就讲重要问题，学生很可能因注意力不集中而产生遗漏。因此在开始讲课时，可以先讲几句无关紧要的话，向学生示意你已开始讲课了。②尽量让学生知道你的讲课内容、讲课时间以及所讲内容跟学生的关系。你可以把讲课要点先提示一下，使学生即使遗漏了某一点，思路也能跟上讲课进度。③用一个故事、一个例子开始讲课，对吸引学生的注意力关系极大。教师应当寻找这类材料作为讲课的开头。但是光靠这几点去吸引学生的注意力是不够的。要在整整一堂课上都能使学生全神贯注地听讲，你还得考虑到其他方面，比如兴趣。

5. 兴趣的培养

怎样才能使学生对你讲的课感兴趣呢？有几种办法非常有效：①要使讲课材料适应你学生的情况。讲课前教师要对学生的情况做一番分析，使所讲的内容能引起学生的兴趣，并使他们能够理解，不要讲深奥的、学生不能理解的东西。②不要把你所掌握的知识全部灌输给学生，因为学生不可能一下子理解全部知识。③最好把讲课内容中的要点讲深讲透，不要把所有的问题都讲得很细。讲课内容集中，学生才感兴趣。要知道，学生不可能把所有的知识一下子全记住。④采用多种讲课方式方法激发学生的兴趣。

6. 教学姿势

姿势是指讲话时的动作。通过一定的姿势，可以使学生集中注意力、提高学习兴趣。反过来又会促进教师实现自己把课讲好的愿望。教学时注意以下几个方面的姿势：①要显得胸有成竹，讲得有条不紊。②目光要始终盯住学生，使师生感情融成一体。③要在学生面前走动，但又不要做出分散学生注意力的动作。④动作要自然，不要做作。⑤要落落大方，能应付课堂上可能发生的一切。

五、优质课与说课的区别

1. 目的不同

优质课的目的是将书本知识转化为学生知识，进而培养能力，进行思想教育，也就是使学生会学；说课的目的则是向听者介绍一节课的教学设想，使听者听懂。

2. 内容不同

优质课的主要内容在于教哪些知识，怎么教；说课则不仅要讲清上述内容，而且要讲清为什么这样教。

3. 对象不同

优质课的对象是学生；说课的对象是领导、同行或专家、评委。

4. 方法不同

优质课是教师与学生的双边活动，在教师的引导下，学生通过读、讲、议、练等形式完成学习任务；说课则是以教师自己的解说为主。

（深圳市盐田高级中学　桂耀荣）

第二节　说课漫谈

说课，作为一种教学、教研改革的手段，最早是由河南省新乡市红旗区教研室于1987年提出来的。说课是谈教学设计的思路问题，对象是同行或专家，目的是让他们知道说课教师是怎样教学的。讲课的对象是学生，目的是如何让学生理解教材。说课是在备课的基础上，面对同行或专家领导，在规定的时间内，针对具体课题，采用以讲述为主的方式，系统地分析教材和学生等，并阐述自己的教学设想及理论依据，然后由同行评议，达到互相交流、共同提高的一种教研活动。

一方面，说课要求教师具备一定的理论素养，这就促使教师不断地去学习教育教学的理论，不断提高自己的理论水平；另一方面，说课要求教师用语言把自己的教学思路及设想表达出来，这就在无形中提高了教师的组织能力和表达能力，提高了自身的素质。实践证明，说课活动是提高教师素质，培养造就研究型、学者型教师的较好途径之一。

说课的运用很广，领导检查教师备课、教师间研究教学、评价教师的教学水平、开展教学技能竞赛等均可采用说课。

一、说课内容

说课要求"六说"，即说课标、说教材、说学情、说教法、说训练、说程序。课标是教学的依据，教材特点和学生情况既是教学的出发点，又是教学的归结点。教法是根据教材的特点和学生的情况而选择的，是达到教学目标的手段；训练包括课内的和课外的，是培养学生能力的途径；程序则是优

89

第三章　教学比赛

化教学过程和优化课堂结构的教学方案。"六说"构成说课的整体内容，也构成课堂教学的全过程。

1. 说课标

基础教育中的课程标准是指导学科教学的纲领性文件，脱离课程标准的教学是无目标的教学，脱离课程标准的说课也就是无目标的说课。对于这一点，说课教师往往忽略。"说课标"就是要准确精要地阐述课程标准对本课教学内容、教学原则、教学方法和学生能力培养等的指导意义，从而明确各项教学内容应达到的深度和广度。

（1）选题在本学科教学中的地位和作用。这要依据课标所规定的教学原则和要求，在整体把握教材知识体系和编写意图的前提下，通过分析新选课题（章、节、课）内容特点，确定其在整体或单元教学中的地位。通过分析新旧知识的联系，确定其在整体或单元教学中的作用。

（2）根据"地位"和"作用"，制定本选题的学习目标，通常从三方面来制定。①思想教育目标：思想政治教育——如道德品质教育等；学习品质教育——非智力因素的培养，如毅力、态度、方法、习惯等；思维品质教育——各学科有其独特的思维方式和特点，需要通过教学来培养学生良好的思维品质。②知识传授目标：主要指各学科的基础知识，基本理论、基本技能的教学目的和要求。③能力形成目标：记忆什么，理解什么，掌握什么，动用什么，评价什么，综合什么，在课标中有明确的要求。

2. 说教材

说教材就是分析本课内容在教材中的地位、作用及其与前后教学内容的联系，阐明本课的教学目标、教学重点、教学难点等，体现说课者分析、处理教材的能力。

说教材主要说对教材内容的理解、分析和处理，包括理论上的理解，知识点的解析，重点、难点的确定和解决。分析教材是常规备课的重点，也是说课的重要内容，但说课更要侧重说明处理教材的理论依据和采用的处理方法，而不对某些具体知识作更多的解释和说明，如化学中的概念和规律等。

3. 说学情

学生是教学活动的主体，高效率的课堂教学取决于对学生情况的准确把握。"说学情"就是分析学生的知识层次、能力水平、学习方法、学习习惯、生理与心理特征等方面的现状，学生在教学中可能出现的问题及其解决方式等。并且说明在本课中将教给学生哪些学习方法，以及调动不同类型的学生学习兴趣的方法，还要说明进行探究性学习的具体措施。

说学情主要是分析学情，如学生的原有基础，学习本课题的有利因素和存在的问题，学生的区别，以及学法指导等。学生情况是教学的重要依据，难点的确定、教法的选择、课堂训练的设计都应根据学情而定。但这是常规备课中最薄弱的一环。大多数教师习惯于精英教学，喜欢从高点来设计，而忽视学生的实际接受能力。说课，把说学情提出来，就是为了加强教与学的针对性，使教师的每一份努力都能作用在学生身上，收到实在的课堂实效。

4. 说教法

说教法，即说明在本课中将采用的教学方法和运用的教学手段以及这样做的原因，要着重说明其中有独创性的做法，特别是培养创新精神和实践能力的具体做法。

说教法主要说明教学方法及教学手段的选择和运用。问题不在于什么方法最好，什么手段最简便，而要根据教材的特点、学生的实际、教师的特长及教学设备的情况等，来说明选择某种方法和手段的依据。有些教法从理论上来讲，是科学的、合理的，是否选择它，要看学生的实际，所以说教法的选择，在一定程度上取决于学情的分析。

5. 说训练

说训练，主要说明训练的目的，训练方式，训练题目的设计。训练是培养学生能力的主要途径，是教学的重要环节。课堂教学中的训练，要根据学习目标来设计，为目标而服务。训练一般分为形成性、巩固性、分层能力训练三种类型。对应解决的问题分别为：主要检查学生对概念、定义、基础知识的理解程度；帮助学生掌握知识；根据学生掌握情况，使上、中、下游三个层次学生通过此练习都有所得，使相应能力得到增强。

6. 说程序

按照教学的先后顺序，重点说明主要环节的教学双边活动，要致力于教学重点的突出和教学难点的突破，当然也要包括导入新课的方法，板书的设计，教具的使用情况，课堂练习及课后习题的安排等内容，并简要说明设计的理由。

说程序：说明整堂课的教学流程或教学程序，即各个教学环节的实施过程。说教学程序就是介绍教学过程设计，这是说课的重点部分。因为只有通过这一过程的分析才能看到说课者独具匠心的教学安排，它反映了教师的教学思想、教学个性与教学风格。也只有通过对教学过程设计的阐述，才能看到教学安排是否合理、科学和艺术。教学过程通常要说清楚下面几个问题：

（1）说教学思路的设计及其依据。教学思路主要包括各教学环节的顺序安排及师生双边活动的安排。教学思路要层次分明、富有启发性，能体现教师的主导作用和学生的主体作用，还要说明教学思路设计的理论依据。

（2）说教学重点、难点的处理。教师高超的教学技艺体现在突出重点、突破难点上，这是教师在教学活动中投入的精力最大、付出的劳动最多的方面，也是教师的教学深度和教学水平的标志。因此教师在说课时，必须有重点地说明突出教学重点、突破教学难点的基本策略，也就是要从知识结构、教学要素的优化、习题的选择和思维训练、教学方法和教学媒体的选用、反馈信息的处理和强化等方面去说明突出重点的步骤、方法和形式。

（3）说各教学环节的时间分配。要联系实际教材内容、学生实际和教学方法等说出各个教学环节时间安排的依据。特别要说明一节课里的最佳时间（20~25分钟）和黄金时间（15分钟）是怎样充分利用的。

（4）说板书设计及其依据。说板书设计，主要介绍这堂课的板书类型是纲目式、表解式还是图解式等；什么时候板书；板书的具体内容是什么；板书的展现形式是什么；等等。板书设计要注意知识科学性、系统性与简洁性，文字要准确、简洁。说依据可联系教学内容、教学方法、教师本身特点等加以解释。

我们常说的优化课堂结构即指将教学程序的设计和说课的内容——"六

说"融为一体，主要方法有两种。一是将材料按"六说"分六块，一一分别来说，这样说材料容易组织、条理清晰，但艺术性不强，给人以支离破碎的印象。二是综合组织，按教学程序来说，将"六说"内容分布在各教学环节中，这样说艺术性强、流畅、浑然一体，但组织材料费力，还会条理不清。

以上只是为说课内容提供一个大致的范围，并不意味着具体说课时都要面面俱到，逐项说来，应该突出重点、抓住关键，以便在有限的时间内进行有效的陈述，该展开的内容充分地展开，该说透的道理尽量去说透，这样才能取得良好的效果。总之每个人要根据自己的实际情况选择适合自己的说课方法。

二、说课的要求与原则

说课的基本要求：说理念要深、说方法要实、说学情要准、说程序要清。

说课的具体要求：①突出"说"字。说课不等于备课，不能照教案读；说课不等于讲课，不能视听课对象为学生去说；说课不等于背课，不能按教案只字不漏地背；说课不等于读课，不能拿事先写好的说课稿去读。②把握"说"的方法。说课的方法很多，应该因人制宜，因材施教说：可以说物、说理、说实验、说演变、说本质、说事实、说规律、正面说、反面说，但一定要沿着教学法思路这一主线说，以防"跑野马"。③语气得体、简练准确。说课时，不但要精神饱满，而且要充满激情。要使听课者首先从表象上感受到说课者对说好课的自信和能力，从而感染听者，引起听者的共鸣。④说出特点、说出风格。说课的对象是教师同行。所以说课时不宜把每个过程说得过于详细，应重点说出如何实施教学过程、如何引导学生理解概念、掌握规律的方法，说出培养学生学习能力与提高教学效果的途径。

说课应遵循的基本原则：①组织严密，强调科学性（前提）；②客观再现，具有操作性（重点）；③不拘形式，富有灵活性（根本）；④说理精辟，突出理论性（支撑）；⑤联系实际，凸显可行性（灵魂）；⑥设计别致，追求创新性（生命线）。

三、说课时容易犯的错误

说课中应注意的问题：第一，说课不是备课，不能按教案来说课。第二，说课不是讲课，教师不能把听说课的领导和老师视为学生，不应该像正常上课那样讲。第三，说课不是"背课"，也不是"读课"，要突出"说"字。既不能按教案一字不差地背下来，也不能按说课稿一字不差地读下来。说课一定是按自己的教学设计思路，有重点，有层次，有理有据。第四，说课的时间不宜太长，也不宜太短，通常可以安排一节课的1/4～1/3的时间。第五，注意发挥教师自身的教学个性和创新精神，防止生搬硬套杂志上的内容。第六，注意运用教育理论来分析研究问题，防止就事论事，使说课还处于"初级阶段"的层次水平。第七，注意避免过分表现"理论依据"，脱离教材、学生、教师实际，空谈理论。第八，说课与评课结合，才能集思广益，相互交流，共同提高。

关于说课，想必大家都不陌生了，但是在说课过程中，很多教师特别是年轻教师容易出现一些不必要的失误。

1. 说课稿撰写不佳

说课稿的撰写是把所用教育教学理论应用于实践的一种创造性活动，是我们反复推敲说课关键句表达的一份书面材料，在一定程度上影响着说课的质量。新教师撰写的说课稿多为面面俱到式，也有些是确定说课主题后，网上查找的"优秀说课稿"，在说课开始前总会看到有人背记说课稿。为此，提倡采用提纲式说课稿，该种形式的说课稿相对于面面俱到式说课稿具有以下两点好处。

（1）思路清晰。提纲式可以简单明了地说明说课的环节以及相互之间的联系，在每一部分里面分列出几个小的部分，再在小的部分之间加上串联词，基本上这份说课稿就撰写好了。而面面俱到式说课稿会让说课者本人下意识地依赖自己已经写好的每一句。

（2）不易忘词。提纲式说课稿没有给出完整的表述，所以在说课的时候，可以根据自己的需要进行表述，无须按部就班地依照稿件的内容进行记忆宣读。而一个人如果面对着面面俱到式说课稿，会有意识或无意识地跟着稿子念，想脱稿的时候，还会时不时地想想自己当初写说课稿时是不是这一句话，这句话在这里妥当吗？这句话能不能接上下面我已经写好的内容呢？在这样的情况下，忘词、紧张就接踵而至，紧接着一系列的问题就随之而来。其实，只要认真设计了这一堂课，说课稿就是你课堂流程和设计理念的集合，无须大费周章背记一份看似优秀实则空洞无味的书面稿件。

2. 易犯知识性错误

这个错误不是每个人都会出现，但却是很普遍的现象。科学知识代表着个人的学科素养，教坛新秀的选拔不仅看教学仪态，也看说课者的知识涵养与学科核心素养。克服这个问题需要做到以下两点：

（1）熟悉材料。这里说材料包括课程标准、教科书、教师用书、教辅资料、心理学和教育学等。掌握这些材料能让你更加准确地把握说课内容，从而做到有的放矢。

（2）准确表达。要减少甚至杜绝知识性的错误，熟悉各类教学材料是前提，在此前提之下还需要注意：在说课的时候，不一定要图快，但求能准确地表达每个环节。

3. 口头禅漫天飞舞

在说课过程中，讲台上的说课选手经常出现"这个""嗯""然后"等口头禅。这样的口头禅出现多了，评委和观众的好印象就下降了，即便是设计得再好的课堂，也会因此打折扣。此类问题需要说课选手注意，并在平时勤加练习，也可以将自己的说课录制成视频，自己回放观看，发现并改正问题。

4. 教学仪态不端正

教师初上讲台，有时候不知道手往哪里放，莫名其妙地玩弄着讲台上的教具，或因为紧张而致使身体晃动。出现这样的现象一方面归结于紧张，另一方面也得归结于对正式场合站姿的不了解。

正式场合站姿一般有两种：第一，肃立，身体立直，双手置于大腿外侧，双腿自然并拢，脚跟靠紧，脚掌分开呈"V"字形。第二，直立，身体立直，双手置于腹部。女性将右手搭握在左手四指，两脚呈"V"字形；男性右手握住左手腕，两脚可平行分开，略窄于肩宽。

5. 过度紧张显不足

新教师参加此类活动少，经验不足，紧张在所难免。克服紧张有以下几种方法。

（1）转移注意力：可以配合自己的手势，一个人一旦动起来，紧张感就会减弱，有合适的肢体语言就能获得评委听众的好评。

（2）看和蔼的评委：越是紧张越不敢看评委，然而在说课的时候，看评委是必需的，在紧张的时候你可以看看和蔼可亲的评委，人在看到别人的微笑之后，心情都是舒畅的，这在一定程度上缓解了压力。

6. 时间把握不准确

常规说课的时间在10～15分钟（也有少数是在10分钟以内），很多新教师说课的时间没能准确地把握，其中的原因有：①内容容量不匹配；②时间分配不恰当。

对此，在学校刚开始培养说课时就预先准备一些比较常见的说课主题不断进行模拟练习，到了真正的说课比赛时可以根据主办单位的时间要求适当地精选内容以压缩时间，或拓展内容以延长时间。另外，说课时间一般控制在规定时间的95%左右，根据自身对说课要素的理解划分各个要素需要的时间，同时加强对时间灵活机动变通的能力训练，以保证在比赛说课时能应对各式各样的说课。

四、说课稿的撰写

说课稿的撰写过程中主要包括说课开场白、简析教材、阐述教法、分析学情、指导学法、概说教学程序、教学效果分析和说课结束语等方面。

（1）说课开场白。说出说课的课题，介绍说课者基本情况，上课班级、时间等。

（2）简析教材。教材是进行教学的评判凭据，是学生获取知识的重要来源。教师要吃透教材、简析教材内容、教学目的、教学重难点。

（3）阐述教法。教师在熟悉教材的前提下，怎样运用教材，引导学生搞好学习，这是教法问题。教学得法往往是事半功倍。在撰写说课稿时应简要地说明：①教法的总体构造及依据；②具体采用了哪些教学方法、教学手段及理由；③所用的教具、学具。教学实践证明，一堂课根据教材特点选用几种不同教法结合使用，可增强教学效果。

（4）分析学情。分析学生的原有基础，学习本课题的有利因素和存在的问题，学生的区别等。学生情况是教学的重要依据，难点的确定、教法的选择、课堂训练的设计都应根据学情而定。

（5）指导学法。学法包括"学习方法的选择""学习方法的指导""良好的学习习惯的培养"。在拟定时应突出地说明：①学法指导的重点及依据；②学法指导的具体安排及实施途径；③教给学生哪些学习方法，培养学生的哪些能力，如何激发学生学习兴趣、调动学生的学习积极性。

（6）概说教学程序。实际就是课堂教学设计，但要与流水账式的条款罗列区别开，既要有具体步骤安排，又要把针对性的理论依据阐述融会其中。拟定内容时应科学地阐述：①课前预习准备情况；②完整的教学程序（主要是怎样铺垫、如何导入、新课怎样进行、练习设计安排、如何小结、时间如何支配、如何通过多媒体辅助教学加大课堂的密度、强化认知效果）；③扼要说明作业布置和板书设计；④教学过程中双边活动的组织及调控反馈措施；⑤教学方法、教学技术手段的运用以及学法指导的落实；⑥如何突出重点、突破难点以及各项教学目的的实现。

（7）教学效果分析。对学生参与教学活动的主动性、深广度的估计，学生达成教学目标状况的估计。说课活动分课前说课和课后说课两种形式，不论是课前说课还是课后说课，上述内容必须阐述清楚。课前说课还应说疑点，说明在备课中自己拿不准的疑点，求教于其他教师。课后说课还应包括"学生学得怎样"的教学效果评估。

（8）说课结束语。表示感谢，恳请批评指正！

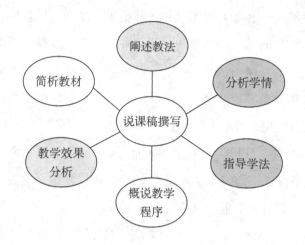

五、说课稿与教案、教学设计的区别与联系

为了更好地阐述说课内容，说课教师需要撰写说课稿，下面谈谈说课稿与教案、教学设计的区别和联系。

1. 教案、教学设计与说课稿

教案是教师实施课堂教学的操作性方案，它重在设定教学的内容和行为，即"教什么"，是整个课堂教学工作的重要组成部分。教案对于教师课堂教学有着重要的意义。教案是教师的教学方案，所以教师必须提前编写，因而它具有一定的前瞻性和预设性。编写时，要求以课程标准为准绳，根据教材的内容和学生的特点，选择恰当的教法和学法，把计划实施的教学内容誊写在教学笔记簿上，供教学时使用。教案的基本内容包括：教学目标要求，教学重点、难点，教具准备，课时安排，教学步骤，板书设计和教后反思等。

教学设计，简单地说就是教师为完成一定的教学任务，对教学活动进行的规划、安排和决策。具体地讲，是指教师以教育理论为基础，依据教育对象和教师自己的教育理念、经验，运用系统的观点与方法，分析教学中的问题和需要，制定教学目标，合理安排教学步骤，为优化教学效果而制订实施方案的系统的计划过程。因此，教学设计的过程实际上就是教师为教学活动制定蓝图的过程。通过教学设计，教师可以根据教材的内容和教育对象的特点从三个维度确定教学目标，选择适当的教学方法，采用有效的教学手段，保证教学活动的顺利进行。

说课，是教学改革的新生事物，是日常进行教学研究、教学交流的一种新的教学研究形式，是教师依据课标，根据教材，结合教育理论，进行深入研究后，把教材、教法、学法、教具、教学过程，向领导或同事进行阐释的一种教研活动。说课稿，就是为了说好课而准备的文字材料。

2. 三者之间的区别

（1）教案只是教师课堂教学方案。一般只需要有教学目标、重点难点、教具准备、课时分配和教学过程，它仅是事先的准备。

（2）教学设计也是教师为了课堂教学而设计的方案，基本内容与教案相同，二者最大的区别是教学设计在每一个教学环节中要有设计的理念或要达到的目标。主要是考查教师的理论素养。

（3）说课稿，是教师面对同事或领导说课的书面材料，要求相对较高，编写难度相对较大，除具有教案和教学设计的内容外，还应有教材分析、学情分析、教法指导、学法选择等。

3. 三者之间的联系

（1）教学目标相同。都是教师完成教学任务而事先做好的准备活动。可以是同一的教学目标。

（2）运用理念一致。在课改的今天，不管是哪家版本的教材，落实的都是国家课程标准的精神，必须以生为本，倡导自主、合作、探究的学习方式。

（3）准备工作吻合。就是在撰写它们之前，都必须学习课标、钻研教材、通览教参，根据学生的特点和水平确立教法、学法以及教具、学具准备等。

附：说课评分标准

评价指标	评价内容	得分
说课标 5分	1. 教学与评价目标	
说教材 15分	2. 教学重点和难点及其依据	
	3. 教材的知识结构和逻辑关系	
	4. 各知识点简析	
说学情 10分	5. 指导学生的学习方法及其依据	
	6. 培养学生的操作技能和思维能力	
说教法 10分	7. 采用的教学方法及其依据	
	8. 准备使用的教具、学具和其他教学手段	
说训练 10分	9. 练习设计是否科学	
	10. 作业布置是否科学	
说程序 35分	11. 教学的逻辑顺序是否合理，层次是否清楚	
	12. 重点是否突出，详略、深浅是否恰当	
	13. 能否恰当关注学生生活，联系社会现实。能否重视学生实践活动	
	14. 知识点之间的衔接是否合理，前后是否照应	
	15. 教学手段的使用是否合理（含实验手段）	
	16. 是否贯彻学法指导、技能训练和能力培养	
	17. 学生自主学习活动的设计、组织是否合理	
其他 15分	18. 语言表达：普通话、语速、节奏、准确、简洁	
	19. 说课姿态、神情	
	20. 说课稿的书写字迹工整、美观，条理清楚；板书层次清楚、言简意赅，富有启迪性。适当运用多媒体教学	
总分		

（深圳市盐田高级中学　桂耀荣）

第三节　说播课漫谈

一、什么是说播课

由说课演变而来的一种新型的教研活动或者竞赛模式。说简单点，就是为了解决说课的缺陷，将原本说不清楚的内容播出来，从而达到更直观的目的。因此，我们只是在说课的基础上，向前走了一小步，就成了说播课。说播课是近年来在大型赛课活动中采用的形式之一，是一种评优课的新形式。说即说课，播即播放你这节课课堂实录，二者有效巧妙融合。

说播课指说课和播课（播放教学视频）相结合的方式，以说课为主，播放视频为辅。说播课与说课最大不同点：说课可能是你上过的一节课，也可能是一节没有上过的课。而说播课只能是把你上过的一节课再现给评委，而不可能是未上过的课。说播课就是对已经上过的课进行的阐述，用自己的语言和真实的教学实录描述教学过程，亦即课后说课。在说播课过程中，存在说课和播课两个环节，让理论与实践更好地结合起来。注意：说播课并不是说课与播放课堂实录简单地拼盘，不是简单的教案宣读和录像观摩，更不是对课堂实录视频的解说，而是把说课内容和精彩的课堂实录视频巧妙地融合在一起，彰显本节课的设计思路、目标达成度、教学过程和精彩亮点。说播课，关键还是在于说，绝不是简单的教案宣读和录像观摩，而要把这节课的视频插到PPT中去，PPT上显示的是说的内容和上课视频的巧妙融合。

说课和说播课的主要区别如下：

说课	说播课
教学环节的可实施性有待商榷	教学过程已经完成，教学环节由课堂实录片段展示呈现
实验创新的科学性、可操作性需要实验检验	学生的探究过程、实验过程真实可见
师生互动、生生互动以及评价过程中不可预测	互动和评价过程可见
教学效果需要评估	课后反思环节可以针对效果进行深入剖析

二、说播课的要求

（1）播课视频必须来源于自己的同一节课，不能是一个"拼盘"，更不能用他人的课堂视频"冒充"。

（2）视频中，必须有教师的教学基本功展示，不能单单剪辑学生的练习或活动的场景。对于化学演示实验尽量把视频完整地剪辑后呈现给评委，要有适量的板书。所以在编辑视频的时候，不要仅仅着眼学生的学习行为，也要关注教师的"教"。因此，选择录像时，必须要有四点：口令、讲解、示范、组织教学。对组织教学较容易理解，因为只要你播学生练习肯定就会牵扯到组织教学。关键是前面的三个，也就是口令、讲解、示范。

（3）教学的各部分都要有视频片段。即导入、新课、拓展、总结、课外探究等部分都要有视频片段，环节要完整。不能因为某一部分很简单，就不播了，光说基本部分是不行的。评委评分除了教师基本功，还要给每个部分打分。

（4）播课视频为了能更好地体现出说课的特点，可以给视频配上相应字幕，以关键词的形式凸显出来，便于评委了解你的设计思想。

（5）时间和顺序要合理安排。说播课时间大约为15~20分钟，一般来说，播课视频大约要6~9分钟，说课的时间可以控制在9~12分钟。从实践的效果来看，边说边播比较好。但是不能过于分散，有的老师几乎每说两三句话就要播放十几秒或者几十秒的视频，这会让评委和观众觉得眼花缭乱、应接不暇。有些老师剪接的视频太短，总共不到3分钟，该播放的重要内容不够突出。因此，呈现的视频要详略得当，可以根据教学环节的设计呈现相应视频的内容，且不要面面俱到，关键是要突出自己与他人的设计与众不同的地方。

三、如何说播课

1. 详略得当，重点突出

应该详细的地方必须要重点说，比如这节课的学习内容、实验、特色（设计亮点）等；简单内容可一带而过。

2. 边说边播

边说边播节省时间。比如，你说开始部分，你做了一个小实验，录像同时播着，等于录像一播完，你也说完了，正好进入下一阶段。别跟大家一起看录像，看完才说你的思路。

3. 说播课到底说什么

主要说以下五个方面：

（1）说理解。①教材分析（显性知识，隐性能力）；②学情分析（前知识后拓展）；③教学目标（学业标准、素养水平）。

（2）说设计。①传统角度要求教学主线、重难点突破；②新课标要求情境、素养、突出学生主体；③教—学—评一致性。

（3）说活动。①教师的活动；②学生的活动；③思维的触动。活动不是形式化而要触及学生的灵魂，甚至上升到哲学层面。活动更多地需要通过"播"来体现。

（4）说问题。问题是有价值的问题还是平淡的问题，有两个评判标准：①有价值的问题（新课标强调真情境、真问题）；②有思维价值的问题（让学生积极思维起来，而不是简单的你问我答）。鼓励学生利用他们的知识和能力来设计方案解决问题，而不是简单的提问。如："氢氧化钠溶液加酚酞什么颜色？"（价值不大）；"验证中和反应中酚酞起'裁判'作用"（有价值）。

（5）说反思。①对整节课的提炼；②对设计亮点的再现。

4. 说播课到底播什么

主要播三个方面：

（1）播活动：①比说更好看的教学活动；②比说更有说服力的活动（课堂氛围，学生思维活跃说不出来要通过播体现出来）；③体现教学主旨和教学特色的活动。不应该播教师的讲解或实验演示。

（2）播实验：把教学设计中有创意的、改进的实验展示出来，如果实验是由学生想出来的并由学生通过实验展示出来就更佳了。

（3）播生成：①教学过程中产生的典型问题（将精彩瞬间记录下来）；②真实课堂中精彩的生成。

5. 说播课应该怎么播

从整个说播课的时间顺序来讲，说播课可按以下三点进行：

（1）说教学设计、指导思想、学情分析、教材分析、教学目标等。教学设计要说的是教学思想和教学理念，接着是教材背景分析：一要分析教材的特点；二要说单元计划、学生以往的学习状况；三要说设定教学目标的原因；四要说教学资源、教学方法、教学流程（建议绘制流程图）。

（2）说教学过程：导入部分、新课部分、拓展部分、总结部分、练习部分。导入要新颖，以视频播放的形式进行，在播放中说明你设计的精妙之处。新课学习建议最好分步阐述，用语言结合视频再现真实的课堂，这是整个说播课的关键。尤其是学生学习的重点部分和难点部分，要完整展现学生学习的过程，并阐述教师是怎样突出重点、突破难点的。拓展、总结和练习部分，任何一个环节都要说（播）到。

（3）说教学特色，即这节课的优点、亮点和创新点。也就是这节课，你想突出什么，你和别人不一样的是什么，这一块一定要重点说。因为说播课不像是一节完整课，看完了，思想观基本上总结出来了。如果你选择的材料不是很清楚的话，评委看半天也不会明白你的特色是什么。所以一定要在最后把自己的特色说出来。注意一定要把新的教学思想融入进去，即融入学科素养和新课程理念。

四、说播课应注意的几个问题

第一，语言要精美、精练。第二，表情、肢体、语言融为一体，要自然。第三，应该是"说"，而不是"读"和"背"。第四，有效地利用PPT和教具。第五，最后要形成教师自己的风格。第六，合理规划时间。

（深圳市盐田高级中学　桂耀荣）

第四节　微课漫谈

一、微课的概述

微课强调学习的移动性和在线性，通过短时间的集中学习，形成知识脉冲，从而强化学习效果。可汗学院（Khan Academy）是微课教育中成功的典范。可汗学院的微课具有基础化、简易化以及渐进式学习的特点，课程时间控制在10分钟左右，其特点契合了现代人生活，满足了当代人移动式学习以及零散时间学习的需求，并且提供了交流渠道，能够使得学习者更具针对性地自主学习。

2011年10月，广东省佛山市教育局的胡铁生老师首次提出了微课的定义："微课是根据新课程标准和课堂教学实际，以教学视频为主要载体，记录教师在课堂教学中针对某个知识点或教学环节，而开展的精彩教与学活动中所需各种教学资源的有机结合体。"焦建利老师认为："微课是以阐述某一知识点为目标，以短小精悍的在线视频为表现形式，以学习或教学应用为目的的教学视频。"黎加厚老师则指出："微课程是指时间在10分钟以内，有明确的教学目标，内容短小，集中说明一个问题的小视频。"郑小军老师认为："微课是为支持翻转学习、混合学习、移动学习、碎片化学习等多种学习方式，以短小精悍的微型教学视频为主要载体，针对某个学科知识点或者教学环节而精心设计开发的一种情景化、有趣味性、可视化的数字化学习资源包。"

通过上面的文献综述可以看出，学者们对于微课的定义不尽相同，但所描述的微课的特点大都是相同的。结合众多学者的概念，本人认为，微课是一个以某一个知识内容为学习目标，为了对该知识点进行更为准确的表述，依据认知负荷理论和建构主义理论，对该知识内容进行完整的教学设计，并最终以10分钟以内的视频形式呈现出短小精悍的微型课程。微课的核心是微视频，同时包含与该教学视频内容相关的微教案、微课件、微习题和微反思等内容。

2012年3月，教育部发布的《教育信息化十年发展规划（2011—2020年）》指出"教育信息化的发展要以教育理念创新为先导，以优质教育资源和信息化学习环境建设为基础，以学习方式和教育模式创新为核心"。教育信息化对教育现代化的带动作用成为我国教育事业发展的战略选择，开放共享的理念为教育资源的开放化铺平了道路。近年来，我国微课的设计与运用研究正在如火如荼地开展，微课受到教育研究者以及学习者的青睐而迅猛发展。

目前传统的课堂教学是大班教学，教师很难照顾到所有学生，所以在每个班级中总是会存在一部分学困生，而在当今小班化还无法实现的条件下，如何提高这些学困生的成绩，成为我们所有教师思考和亟须解决的问题。

传统课堂教学中，教师存在面对学生多、教学任务重的问题，而在此阶段的高中生面临的学业压力较大，且深入学习和归纳总结的能力薄弱。微课在一定程度上缓解教师教学压力，能够为学生提供全方位的辅助式学习，而针对学生而言，鉴于部分学生与教师交流的时间有限或害羞等心理问题不敢向老师提问，微课能够为学生的课前预习、课堂疑难点解析、课后作业讲解以及学习反馈提供良好的渠道。

随着手持移动数码产品和无线网络的普及和我国教学改革的推进，传统的教学方法已经无法满足现代化教学的需求，基于微课的移动学习、远程学习和在线学习将会越来越普及，微课已成为一种新型的教学模式和学习方式。微课的出现推动了现代化教学的发展，提高了高中教学的活力。在日常教学中，由于受多种因素影响，各班不同程度地存在高中化学学习上的学困生，而目前又无法实现小班化教学，本人曾经就"答疑型"微课作为新型教育方式进行尝试并申报了课题。针对学困生学习疑难点的"答疑型"微课，可通过反复观看微教学视频，进行有针对性、查漏补缺式的复习，以巩固重点、突破难点、解决疑点，进而获得学习能力的提高。基于此，"基于网络的高中化学'答疑型'微课的设计和应用"成为我们的研究课题。通过"化学教与学"这个微信公众号平台，既可以满足学困生随时、随地、随需学习，更在一定程度上减轻教师课后个别辅导的负担，成为促进学困生学习能力提高的新模式。

按照教师课堂教学方法可以将微课主要分为以下五种类型：讲授型、解题型、答疑型、实验型和自主探究型。答疑型微课是指教师从学生课后复习需求出发，围绕教学过程中的重难点和典型例题等学科疑难问题分片段讲解的教学微视频，既是课堂教学的辅助教学资源，又是学生课外学习的自主学习资源。微课答疑与传统答疑模式相结合，可以有效引导学生课后进行自主学习。

二、微课的制作

微课的制作方法如下：

1. 摄像工具拍摄

（1）针对微课主题，进行详细的教学设计，形成教案；

（2）利用黑板或白纸展开教学过程，利用便携式录像机（或手机）将整个过程拍摄下来；

（3）对视频进行简单的后期制作，可以进行必要的编辑和美化。

2. 录屏软件录制

（1）针对所选定的教学主题，收集教学材料和媒体素材，制作PPT课件；

（2）在计算机中安装录屏软件（如Camtasia Studio、Snagit或Cyberlink YouCam）；

（3）在电脑屏幕上同时打开视频录像软件和教学PPT（Word、画图工具软件或手写板输入软件等），教师戴好耳麦，调整好话筒的位置和音量，并调整好PPT界面和录屏界面的位置后，单击"录制桌面"按钮，开始录制，教师一边演示一边讲解，可以配合标记工具或其他多媒体软件或素材，尽量使教学过程生动有趣。

（4）对录制完成后的教学视频进行必要的编辑和美化。

Camtasia Studio是美国TechSmith公司出品的屏幕录像和编辑的软件套装。Camtasia Studio作为一体式屏幕录制和视频编辑软件，可为企业、教育工作者和创业者创建视频教程和其他教学视频。它能在任何颜色模式下轻松地记录屏幕动作，包括影像、音效、鼠标移动轨迹、解说声音等，另外，它还具有即时播放和编辑压缩的功能，可对视频片段进行剪接、添加转场效果。我购买了正版录屏软件（Camtasia Studio），并用该软件录制了很多微课，均上传到了我的微信公众号（"化学教与学"公众号）。我采用该软件制作微课的主要过程如下：

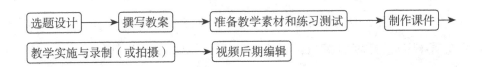

第一，选题设计。根据高中化学知识内容进行选题和教学设计，为了方便教师进行微课的选题，我按照高中化学教学内容制作了高中化学微课分级知识点。

第二，撰写教案。根据选题内容撰写教案。

第三，准备教学素材和练习测试。根据选题内容准备相应的教学素材和习题。

第四，制作课件。根据选题内容及前期准备好的教学素材制作课件。

第五，教学实施与录制（或拍摄）。按照"微课的制作之录屏软件录制的第三步"进行视频的录制。

第六，视频后期编辑。将视频导入录屏软件（Camtasia Studio）进行后期的编辑与美化。

3. 视频剪辑与加工

（1）添加注释：①导入视频后，在轨道1上找到要添加注释的地方，然后单击注释选项，打开注释的功能区。②在Camtasia注释功能区中具有标注、箭

109

头和线、形状、模糊和高亮、草图运动、击键标注等功能。在所有的视频中我们都可以添加标注、箭头和线来作为对视频的注解，击键标注在讲解类的视频中添加最好，可以让自己的讲解更加生动。③在轨道上添加注释之后，我们还可以对注释的属性进行变动。④在注释属性功能区我们可以选择气泡的形状，还可以改变气泡的填充颜色，以及气泡的不透明度。当然我们还可以为气泡添加轮廓，调整轮廓的形状和粗细以及不透明度等。更重要的是我们还可以调整注释的主题。⑤更改完注释的各项属性后，我们可以在视频中调整注释的位置，以达到最好的视觉效果。之后还可以添加更多的注释，操作和前面一样。

（2）添加字幕。①打开Camtasia首页找到左侧工具栏"字幕"选项，鼠标左键点击"字幕"；②添加字幕：点击"添加字幕"选项，会出现一个字幕块；③字幕设置：双击字幕首页的字幕处，可修改字幕内容，鼠标左击"a"可查看字幕设置属性，字幕的样式、字体、尺寸、颜色等都可以自行调节。先将字幕台词用Word文档记录整理出来，根据需要断句、字幕台词规范、字体选择黑体等常规字体，文字的颜色要与视频的主色调和谐并且能够看得清楚、明显。字幕台词出现的时间要略早于说话时间，消失时间略晚于说话结束时间。

（3）音效处理。①利用软件可以打造独特的风格，并且可以对音频中的声音进行去噪，还可以调节节奏的快慢。对音频进行压缩，设置淡入淡出的效果。还可以在Camtasia对音效的剪辑速度进行调整。②我们将视频导入后，即可对音效进行调整。首先是淡入淡出，在淡入淡出的操作中，我们先将淡入淡出的功能拖动到音频的轨道中，然后对黄色的小圆圈进行拖动，来设置淡入淡出的时间。③对音频进行压缩，压缩的时候，我们可以在属性中对其进行设置。在这里要跟大家说的是，在音量变化中，如果我们选择了高中低三档，则无法对比率阈值增益进行调整。所以如果我们想要自己设置的话，便需要自定义。④然后是设置剪辑速度，剪辑速度可以在属性中进行设置，也可以在轨道栏中直接拖动进行设置。在录制过程中可能会有一段声音小、一段声音大的情况，为了使声音平滑，可以对声音进行后期处理，对音量过高的可以调低、音量过小的可以调高，并且可以对声音进行降噪处理。

（4）添加转场效果：①导入文件。在进行下一步操作之前，我们需要把将要用到的文件导入Camtasia。打开Camtasia中文版后，可以在页面的左上角看到导入媒体的绿色标志，点击后就可以把电脑文件夹中的文件导入Camtasia中，然后将其拖入对应轨道即可。②转场方式。先说简单的转场方式，即文字转场，在某些特殊场景下，首先我们可以充分地利用片头、片尾来完成转场效果。比如，我们完全可以通过Camtasia中的片头、片尾来实现文字转场。在界面左侧的"库"一栏，有添加片尾功能选项，单击鼠标可以添加相应的文字片尾，而后根据我们的需要进行相应的编辑即可。其次是视频加文字转场，同样通过片尾添加视频。只需要在片尾的视频中通过文字注释来添加文字，在和上一步一样添加视频片尾后，点击注释，其中有不同的文字格式，点击添加后编辑即可。音频和文字转场，这一步我们可以先将要用到的音频添加到Camtasia中文版，然后将其拖到两个视频中间，再在其中添加与上一步相同的文字注释即可，操作较为简单。最后，保存视频就可以完成两个视频之间的转场操作。

添加转场能使整个微课结构清晰，而且在视觉上也很美观。比如微课分为几个环节，在每个环节的切换之间都添加转场效果，使这个结构清楚明了。具体操作步骤为：工具—转场。双击转场图片可查看转场效果，在需要设置转场的地方进行分割，再在分割处插入转场（拖动即可）。

（5）片头、片尾制作。①软件片头、片尾：打开Camtasia软件，首页左边工具栏点击"库"，会出现一个软件的自带素材模板，里面不仅有片头、片尾，还有其他音乐、图标等素材，在创作视频没有灵感的时候，可以在这里面找找素材。②如何添加片头、片尾：打开素材列表，双击素材，会跳出一个素材预览框，可以先观看一部分，选择与自己视频匹配的内容。接着鼠标左键长按拖动素材至视频轨道，前奏适合放在视频的前面，片尾同理放在视频尾部。③片头、片尾设置：在页面右侧，有一个片头、片尾的属性设置，这里可以更改模板中的文字、颜色、形状等内容。当然，时间也是可以更改的，只需拉动轨道中的时长即可。④片头、片尾单独保存：当我们的视频的片头、片尾设置成功后，可以另外单独保存在素材库当中，这样下次再用就不需要重新设置了。完成制作后，鼠标右键点击素材，选择"添加到库"并填写模板名称再点击保存即可。录制好的视频前面可以加6~8秒的动态片头，在片头显示微课名称及对应章节和作者信息等。可以直接导入制作好的片尾视频添加到轨道，在利用标注添加相应信息即可；也可以截取视频中的一段放在片尾，添加相应标注即可称为片尾。

（6）画布尺寸设置。①打开Camtasia软件，单击菜单栏中的"文件—项目设置"打开项目设置对话界面。②单击"画布规格"后的倒三角箭头，打开系统预设的其他画布规格，选择想要的画布规格。③如果没有所需要的画布规格预设，可以选择自定义。在宽度和高度中输入长宽数值，在长宽数值的左侧有一个小锁图标，此图标选中状态为绿色，此时锁定画面长宽比；灰色状态可以随意设置长宽数值。另外此处可同时设置画布背景颜色和画面帧率。④设置完毕后，点击"应用"按钮，完成Camtasia画布尺寸设置。

（7）导出视频。①打开软件：打开软件首页，视频剪辑完成后，需要导出到本地，鼠标移到工具栏左上角"导出"接着往下移，找到"自定义生成"功能。②导出格式选项：软件支持多种格式影像导出，MP4、WMV、AVI、GIF等都可以。继续下一步，SmartPlayer选项设置，可以看到控制器、尺寸、视频设置等选项可供更改，这里一般不需要做大调整，根据不同的素材来设置即可。③水印设置：每个视频除了自己的个人水印，还可以设置软件水印，如果软件使用的是试用版本，Camtasia官方水印是无法去除的。④视频生成标题：最后一步选择导出视频的标题内容，还有视频素材存放位置。⑤素材渲染：全部完成后，点击"完成"视频开始渲染功能，最后完成，整个视频素材就成功导出到电脑上。

该软件的详细使用教程视频的网址为https：//www.luping.net.cn/jiaoxue.html。

三、微课的意义

对学生而言，微课能更好地满足学生对不同学科知识点的个性化学习、按需选择学习，既可查缺补漏又能强化巩固知识，是传统课堂学习的一种重要补充和拓展资源。调查发现，如果是网络课堂，学生的注意力集中最佳时间是10分钟内。学生认为网络课堂通常都是45分钟左右，很难全程集中精力，通常是打开视频几分钟就关掉了。通过微课视频的播放，学生清晰地明白某一知识点别人有着怎样的观点和思考，可以拓宽学生的视野，提高学生学业水平。

对教师而言，微课将革新传统的教学与教研方式，突破教师传统的听、评课模式，教师的电子备课、课堂教学和课后反思的资源应用将更具有针对性和实效性。微课研究的优点很明显，就是课例简单，学习内容与目标单一，学习和研究时间节约，教师从微课中可以受到启发，有些甚至可以照搬或者迁移到自己的教育教学之中。广大教师在这种真实的、具体的、典型案例化的教与学情境中可易于实现对"隐性知识""默会知识"等高阶思维能力的学习，并实现教学观念、技能、风格的模仿、迁移和提升，从而迅速提升教师的课堂教学水平，促进教师的专业成长。

参考文献：

［1］桂耀荣. 微课及微课的制作和意义［J］. 化学教与学，2013（5）：
41–42.

［2］马亚云. Camtasia Studio 8软件在微课制作中的应用实例——原电池的原理［J］. 电子世界，2016（24）：68.

（深圳市盐田高级中学　桂耀荣）

第五节　无生课堂

无生上课，是一种在模拟课堂的情境中展开的教学活动，许多问题要自问自答，重难点的揭示是穿插在课堂中的。难度大于有生教学，为了表现好，课堂上就要充分发挥各方面技能，提高无生课堂的气氛是关键。虽然眼前没有一个学生，但老师们仍然要声情并茂地讲述，或循循善诱，或激趣启发，或表演示范，使听课者感到仿佛被带进了真实的课堂。（有的人说好像是在演戏，这种说法是对的，就是自导自演）这是我们教师资格证考试面试、新教师面试、评职称讲课等必须学会的一个技能。

一、如何进行无生上课

1. 教材要熟悉

熟读教材，深入教材，把自己融入教材文本中。我们经常说课程改革中要横向与纵向联系，其中就包含我们要通读教材，而不是只限于上自己所带年级的教材，这样的教师不是好教师。特别是对一些新教师、准教师，你们要快速进入教师角色，就必须像期末考试一样能坐下来，能把未来的你要用的教材看看、读读，研究研究，写写教案等，而恰恰你没有做这些工作，于是在上课时你就根本没有自信，都是临时抱佛脚，试问你怎么能上好课？

2. 注意上课的程序

无生上课一般是按平时上课的流程进行，但省去学生的活动过程，或者说学生活动过程一语带过，但无生不代表忽略学生。比如说：这道题请同学们思考，给大家3～5分钟思考与讨论时间。说完后只需稍作停顿（3秒左右）

即可进行下一个环节，不能停留过长时间。

3. 上课内容要明了

上课内容要说明白、清楚，但不能太啰唆，不要过多解释"为什么"，要知道评委都是行家，而且你讲多了，势必耽误时间。

4. 注意控制时间

无生上课一般限时20分钟，但实际上你最多用15分钟即可上完课的内容，若超过20分钟，一是说明你有"满堂灌"的现象，二是你语言不精练，说白了就是水平还达不到要求。低于10分钟，感觉容量不够，除非你非常优秀，组织得很流畅。大家都知道，教学专家授课时废话很少，语言准确精练。

5. 注意第一印象

许多教师上这种课，由于没有学生而显得无所适从，眼光不知往哪儿放，神情紧张得如临大敌。年轻教师需要锻炼，评委在这方面是会考虑到这方面因素的，但对于一些有多年教龄的教师需要提醒的是你不是因为缺少经验导致如此，而是可能在整个教学的某个环节上有欠缺的地方导致你不自信，希望你及时关注自己，要充充电。

6. 板书要规范

按上课的板书来要求，切不可因为无生而随意丢失。

7. 要说普通话

一句话，你要尽可能说普通话。如果方言与普通话穿插使用，会显得不伦不类，特别是在比赛时，或在外省市进行教学活动时。所以我们平时就应该多练习普通话，对大多数农村教师来说，困难稍大，但一定要坚持。

8. 多媒体使用要适当

多媒体不可替代上课，它只是辅助设施，即使使用也不要过多，一般10个PPT左右即可，否则就变成多媒体的展示，也不要太花哨，无生上课时画面几乎是一语带过，你没有太多的时间解释其中的变化，不然时间不够。

9. 多加训练

在学校可以组织上一些完整的课，可以把它当成是集体备课的一种形式，也是提高自身业务水平的一种方法。我们要研讨的不是这种形式，而是要发现我们在处理教材中出现的问题，以及我们应该采取何种方法改进教学过程。

二、无生上课需要注意的问题

1. 衣着不得体

教师的衣着过于休闲，或过于古板，或过于时尚，都不合适。

2. 体态不得体

新手教师最大的问题，首先是眼睛不看评委，总是看讲课稿，且语句之间没有停顿，像竹筒倒豆子；其次是声音过轻或者朗读腔太重，不像说，而像读。

3. 礼仪不得体

进门不问好，出门不道谢，黑板也不擦，从来不露牙。

4. 板块太多，面面俱到

讲课从导入开始就冗繁拖沓，两三分钟过去了，还在新课导入环节。贪多求全各个板块都想讲，平均用力，每个点都蜻蜓点水，重难点没有说透，不过瘾。环节全在，亮点全无。

5. 停顿太长

"无生上课"一般是按平时上课的流程进行，但省去学生的活动过程，或者说学生活动过程一语带过，但无生不代表忽略学生。比如说给大家3～5分钟思考与讨论时间。说完后只需停顿3秒左右即可进入下一环节。

6. 解释过多

解释过多，是指教师就像学生在时那样使劲解释"为什么"，生怕别人不懂，要知道评委都是行家，而且你讲多了，势必耽误时间。

7. 常识错误，硬伤明显

音读错，字写错，课型把握不准，或者主要环节丢了。一个不该错的知识点讲错了，会直接降一个等次。

三、无生上课的基本范式

无生上课的基本流程，是由教学设计决定的。教学方案的编写没有固定的模式，其内容一般包括课题名称（教学内容）、学习目标、教学重难点、教具（教学准备）、课时、教学过程、作业设计、板书设计、教后反思等。

1. 课题名称

课题名称即所授课的名称。

2. 学习目标

学习目标是教师根据课程标准的要求和学生的实际情况，基于课题或课时的教学内容而提出的，是指学生在课程结束时应达到的具体目标或教师应完成的教学任务。教学目标要明确、具体、切合学生学习实际，符合该课题的化学学科核心素养和学业质量水平目标。

3. 教学重难点

教学重点，是指在授课时必须着重讲解和分析的内容。教学难点，是指学生经过自学还不能理解或理解起来有较大困难的内容。

在编写教案时，教师既要抓住、抓准教学难点，并考虑采用恰当的方法帮助学生突破难点，以扫除学生理解教材的障碍；又要抓住、抓准教学重点，正确适当地处理好教材，以保证较好地达到教学目的。

4. 教具

教具又称教具准备，是指辅助教学手段使用的工具。如多媒体、模型、标本、实物、音像等。

5. 课时

课时主要是指授课内容要在几个课时内完成。

6. 教学过程

教学过程，是教师为了实现教学目标、完成教学任务而制定的具体的教学步骤和措施。教学过程是整个教案的核心和主体，编写时要根据教学目标及教材的具体情况，该详则详，该略则略，做到内容充实、重点突出、详略得当、利于教学。

7. 作业设计

作业设计的形式可以有很多种，如书面作业、探究讨论式作业、实践摸索式作业、情境表演式作业、阅读复习等。教师在设计作业时应紧扣教学内容，适当联系旧知，循序渐进。同时也要考虑学生的学习差异，对不同程度的学生，设计不同难度的作业，使每个学生都能获得相应的学习成就感。

8. 板书设计

言简意赅。

9. 教后反思（试讲时不需要表现）

教后反思是教案执行情况的经验总结，其目的在于改进和调整教案，为下一轮授课的进行提供更加良好的教学方案。这就要求教师全面审视教学过程，注意对意外发现、点滴收获以及个别疏漏、补充的方法等内容进行记录并仔细分析。

（深圳市盐田高级中学　桂耀荣）

第六节　命题比赛

　　命题是教学的基本功，命题能力是我们教师必备的重要业务能力。命题能力是教师专业水平的重要体现，能够命制科学、合理、效度高的试卷，需要教师对学科课程标准的准确把握，对教材知识脉络的系统梳理，对学生认知水平的切实了解。命题比赛能进一步提升青年教师的业务能力和命题水平，促进教师专业化发展，促进教师不断加强对新课程标准、新教材、新高考的研究。

　　下面分享两位获得深圳市高考模拟命题比赛一等奖的老师（桂耀荣和程果）参加深圳市高考化学模拟命题比赛的感悟。

激励陪伴感恩

——2019年参加深圳市高考化学模拟命题比赛纪实

深圳市盐田高级中学　桂耀荣

激　励

　　时任盐田区教育科学研究院化学教研员申燕博士（现任深圳市教育科学研究院化学教研员）为了提高区高考化学模拟命题比赛的水平，精心组织了两场高质量、高水平的关于高考模拟试题命制的讲座。通过这两次讲座，加深了盐田区化学教师对命制大型考试试题的流程和注意事项的了解，促进

119

了教师准确把握考试方向、提升命题质量的方向和技巧，在试题命制时，以真实情境为载体，以主干核心知识为抓手，考查学生的关键能力和学科核心素养。

2019年3月13日，申博士特邀请深圳市红岭中学江伟老师作专题讲座——高考化学模拟试题命制的策略。江老师高屋建瓴的讲座展示了深刻理论和丰富实践的完美结合，他的讲座内容主要围绕"高考和模考的性质和要求""模拟命题的基本功""命题的基本原则""命题难度的控制""模拟试题的命制过程""命题技巧""试题的编排技巧""评分标准"八个方面进行展开。他结合自己命题的经验和实践，进一步阐述命题是建立在对试题充分深入研究的基础之上，分析了分类法在试题研究过程中的重要价值，督促老师们加强对试题的研究，并结合命题、磨题、修改试题的实例，引导教师在试题命制过程中应关注试题的逻辑性、严谨性及深度、广度等问题。最后江老师以"分好类、选好点、模拟命题我定行"进行总结，鼓励教师多研究、多实践，一定能命制出高质量的试题。

2019年3月20日，申博士邀请厦门市教育科学研究院化学教研员江合佩老师作专题讲座——高考化学学科命题的命制策略研究。江老师首先列举典型案例，借用先进的传感器技术表征，通过对$Fe(NO_3)_3$和Cu反应中氧化剂的探究、干燥剂除水效果探究以及Na_2CO_3和HCl反应的历程探究等实际问题引发教师的思考。教师对于这些司空见惯的问题的认识和实验测得的真实结果存在偏差，江老师在纠正偏差的同时，提醒教师命制试题时要基于真实数据和信息，要对命题常怀敬畏之心。其次，江老师结合学科核心素养中的"科学探究""证据推理与模型认知"等几个方面，对试题进行分析，引导教师理解如何在复习备考中建立科学合理的认知模型。他针对2017年、2018年试题的难度系数分析，总结归纳了2018年高考化学试题具有"情境源于生产、生活、社会及科研实际""立足于培养学生支撑终身发展和适应时代要求的能力""注重基础知识和主干知识"三大特点，重点引导学生从"做题"到"做人做事"。在此基础上，江老师还预估了2019年高考化学试题应具备的特点。最后江老师以实验题为例说明具体的命题流程应为："目标设计、明晰考点"→"阅读文献、素材筛选"→"材料整合、初步命题"→"题目审核、回归预设"→"题目优化、臻于完美"五个步骤，并结合具体命题实例讲解每一步的实际操作以及该步骤的注意事项。

结合深圳市高考化学模拟题命题比赛要求，盐田区高考化学模拟命题比赛由命题和说题两部分组成。2019年3月26日，深圳市盐田区高考化学模拟命题比赛之命题环节在深圳市盐田高级中学举行，参赛教师根据现场下发的命题素材（一篇文献）在两个小时内命制两道题（一道选择题和一道实验综合题，或一道选择题和一道工艺流程题），并编写答案及评分标准。2019年4月3日，深圳市盐田区高考化学模拟命题比赛之说题环节在深圳市田东中学举行，比赛邀请的评委为深圳市教育科学研究院吴运来老师、红岭中学江伟老师和华中师范大学龙岗附属中学寇辉老师，他们均为深圳市中高考命题专家和深圳市名师。首先由参赛教师解读了3月26日现场命制的试题的命题立意、考查目标、设问方式和创新之处等，然后评委现场指出参赛教师所命制的试题的优点，也提出可以进一步改进完善的建议，并现场打分。盐田区高考化学模拟命题比赛采用匿名打分的方式，在比赛结束后现场公布命题和说题两个环节的总成绩，最终廖玉红老师和笔者分列第一、二名，并代表盐田区参加2019年深圳市高考化学模拟命题比赛。

"纸上得来终觉浅，绝知此事要躬行。"扎实高效的备考教学光靠研究高考真题是远远不够的。教师通过独立命制模拟试题，进一步与专家面对面交流研讨，这种理论与实操并重的比赛方式既促进了教师对高考试题的研究，又提高了教师的命题能力。

教师工作一定时间后就会有一定的惰性，也会变懒，这时候需要旁人多加督促与激励。对于这次盐田区高考化学模拟命题比赛，深圳市盐田高级中学化学科组长胥会敏老师一直鼓励我参加比赛，一直鞭策我参加比赛，在此我非常感谢胥老师的鞭策与激励，非常欣慰自己身边有一位这样不断给我机会、不断督促我前行的好大姐。

陪　伴

5月16日，申博士利用休息时间在盐田区区教科院办公室为我进行赛前辅导，为我接下来参加深圳市高考化学模拟命题初赛打下了坚定的基础。

5月17日，2019年深圳市高考化学模拟命题初赛在深圳市教育科学研究院举行，由各区和直属学校选拔出的34位选手在规定时间内按要求现场封闭命制试题（只允许带笔进入考场）。参赛教师根据现场发的命题素材（一篇文献）在两个小时内命制两道题（一道选择题和一道实验综合题，或一道选择题和一道工艺流程题），并编写答案及评分标准。深圳市教科院化学教研员吴运来老师聘请有丰富命题或试题研究经验的教师担任本次初赛的评委，对初赛命制的试题进行盲评打分，择优推荐10位教师参加最后决赛阶段的"说题"比赛。

5月22日，2019年深圳市高考化学模拟命题决赛名单出炉，深圳市盐田高级中学廖玉红老师和我分获第一、四名（初赛前十名获得决赛资格）。我觉得这个成绩的取得离不开申博士前期为咱区命题比赛工作做的各种铺垫和赛前辅导。申博士立刻通知我将自己比赛时命制的试题电子版化，随后，申博士利用工作的间隙，会同胥老师于当天下午2点在深圳市盐田高级中学召集了盐高全体化学教师为我和廖老师的试题进行打磨。盐高的全体化学同仁对我俩的试题提出了很多非常重要的建议。申博士不断地为我的试卷进行打磨，反反复复修改了8稿。林娟老师和万云霞老师精心安排了两个重点班和两个平行班对命制的试题进行检测。然后我批阅试题，并录入分数，进行SOLO分类相关数据分析，并制作说题课件。

5月23日，申博士一直在网络上帮我修改说题课件，并给我们提供了很多关于说题方面的素材，节省了我寻找资料的时间。

5月24日上午，为了我的说题环节更加顺利，申博士与胥老师亲自听我们试讲，然后她们提出建议，再修改、再试讲、再修改，反反复复，说题课件我就六易其稿。

5月24日下午，2019年深圳市高考化学模拟命题决赛在南山外国语学校文华部举行。决赛环节即说题，说题比赛时长10分钟，其中命题说明7分钟，答辩3分钟，说题内容包含但不限于初赛命题内容，选手现场提交说题比赛文本材料一式五份，供评委使用。说题比赛要求如下。

评价指标及分数	评价内容
对命题的说明 （70分）	材料的出处，材料的加工整理情况
	说明命题思路、考点和能力要求，设问的考查目的，答案依据，试题创新之处
	对试题的反复思考与改进（尽量结合试题与今年全国卷命题立意和设问角度相近试题的异同点比较）
答辩（30分）	评委针对选手的命题及说明提问，选手答辩有理有据

命题成绩、说题成绩满分均为100分，命题成绩×0.6+说题成绩×0.4=总成绩，根据总成绩前六名获得一等奖。

申博士亲自陪同我们参赛，由于申博士在场，我信心十足，决赛时取得86.8分，结合初赛成绩，我获得2019年深圳市高考化学模拟命题比赛的一等奖（第五名）。

感 恩

在2019年深圳市高考化学模拟命题比赛过程中，申博士一直陪伴着我们，无论从试题的打磨与修改，还是说题课件的制作，申博士不是在网络上指导我们（初步估计，语音和文字的指导多达1000条），就是在现场指导我们。

此次比赛成绩的取得，离不开我们的团队。首先感恩申博士对我此次比赛的陪伴。其次感恩申博士和胥老师的激励。最后感恩学校给我此次比赛提供的各方面的支持，感恩化学科组全体同仁对我的支持与帮助。

命题对青年教师成长的影响

深圳市盐田高级中学　程果

现代教学不仅要求教师会上课，还要求教师学会筛选题目，甚至具备开发创新题目的能力，作为不断学习成长的青年教师而言，在积极探索教学技巧的同时，深入研究课程标准，关注时事，具备创新的能力，提高筛选甚至命制试题的能力，对我们自身的成长具有重要的意义。工作5年来，3年高三经历，参加了省市命题比赛及命题工作，并主持了一项关于命题的课题。回顾自己近5年的成长历程，命题对我的专业发展留下了深刻的影响，下面我就谈谈关于命题的故事以及个人感悟。

命题第一阶：初次接触

刚接触命题是在区命题比赛的时候，当时才工作两年，那时候带高二年级。区命题比赛的素材是一篇关于锌的工艺流程的文献，根据文献命制一道工艺流程的大题，命题时间是2小时，在一张白纸上面手写完成试题。第一次参加命题比赛，由于经验的不足，整个命题过程有点紧张和不知所措，印象比较深刻的是在命制最后一空关于EDTA滴定Zn含量的计算题时，由于文献中关于滴定过程描述得很详细，在命制这一空时我将整个滴定过程全部抄了下来，在最后的说题环节评委老师就指出不足，题干太过臃肿，命题时应该简洁处理。第一次参加命题比赛就这样告一段落。

命题第二阶：获市命题比赛一等奖

工作第四年也是我连续第二年从事高三教学，在工作的这四年里，我们科组已经有4位老师分别获得市命题比赛一等奖，科组同事如此优秀，不甘落后的我顶着巨大的压力，自己在心中也默默地定下了目标。在2021年3月份收到区命题比赛的通知，4月份将进行区命题比赛的选拔，命题形式是16道选择题和2道大题。所谓兵马未动、粮草先行，收到通知后马上进行准备，周末放假之余在学校加班，着手原创试题的命制。首先从两个大题着手：有机大题是利用科技文献，以一种减肥药氯卡色林（lorcaserin）中间体的合成路线为载体，命制一道药物情境的综合性有机化学原创模拟题，注重考查学生的创新意识和关键能力，体现了化学学科宏观辨识与微观探析、科学探究与创新意识、证据推理与模型认知的核心素养。工艺大题是根据文献《钨渣中钪的萃取回收实验研究》来命制的一道关于元素钪的工艺大题，钪元素在地壳中的含量非常少，关于钪的提取工艺很少，因此以此元素命制的工艺题并不多，关于试题的详细细节和16道选择题这里就不一一赘述了。由于经过了充分的准备，顺利拿到了区命题比赛一等奖，成功进入市命题比赛。经历了区比赛的磨炼，在市赛前熬了一周的夜，从一道道题、一句句话、一个个元素符号、一个个大小写、一个个标点符号的校对和打磨，在市命题比赛也成功地获得了一等奖。这次命题比赛对我有很大的鼓舞和激励作用，让我认识到付出还是有回报的。

命题第三阶：参与相关命题工作

工作第五年也是连续第三年从事高三教学，由于经过命题比赛的历练和连续高三教学的磨炼，笔者有幸参加了2022年广东省普通高中学业水平选择考模拟测试（二）的命题工作，受疫情影响，这次命题工作是在线上研讨完成的。接到任务之后我有些忐忑不安，因为怕干不好这份工作，但又比较兴奋，因为这份工作又是提升自我的一次机会。这次命题我承担的是选择题电化学题、元素周期律题，大题是有机大题，关于试题的命制过程这里就不再详细介绍。之后本人又参与万向思维"押题卷"命题工作，经过命题的磨炼，本人收获非常多，下面就谈谈我的收获和感悟。

感悟一：命题促使我时刻关注化学新情境

真实情境是高考命题的载体，是试题素材的来源，情境包括生活情境、社会情境、学习情境和学术情境等，将考查内容承载其中，从而实现能力的考查。其中化学命题素材的选取注重以学术情境为背景，学术情境包含科技期刊、技术专利、会议论文、学术专著等，反映学科当今前沿热点和成果，考查考生在真实情境下解决实际问题的能力。《普通高中化学课程标准（2017年版2020年修订）》（以下简称"新课标"）提出化学学业水平考试命题必须坚持以化学学科核心素养为导向，要准确把握"素养""情境""问题""知识"相互联系，"情境"和"知识"同时服务于"问题"的提出与解决，"问题""情境""知识"三者之间存在着密切的联系。命题原则包括以下四点：以化学学科核心素养为测试宗旨、以真实情境为测试载体、以实际问题为测试任务、以化学知识为解决问题的工具。

化学与生活息息相关，化学材料的发展层出不穷，化学技术不断创新，这就要求化学老师，特别是学习精力旺盛的青年老师更要时刻关注化学时事，特别是给我们衣食住行带来方便的热点情境，给我们社会带来进步的化学科技。这样在原创命题时就可以避免素材过于陈旧，避免取材断裂，试题与材料之间的关系割裂。青年教师关注化学时事，可以潜移默化地促进课堂教学。教师灵活巧妙地将所见所闻的化学时事与教材相结合，并用于教学过程中，使每节课堂都更加新颖，课堂生动有活力，调动了学生的学习兴趣，同时培养了学生对时事的关心和感知能力，特别是在以考试的方式来选拔未来人才的当今社会，提高了学生审题能力。例如，二氧化碳制淀粉、碳中和等情境在试题中都有出现。让学生了解到化学对社会科技发展的重大贡献，也帮助学生形成绿色化学的观念和可持续发展的意识，并渗透科学态度与社会责任的核心素养。

感悟二：命题促使我深入研究课程标准

命题除了需要好的情境素材之外，试题的知识点设置的范围也需要在新课标之内。现在取消了考试大纲，而化学学科有人教版、苏教版、鲁科版、沪教版等不同的教材，每种教材的章节和内容设置有所不同，而且2019年版新教材也发生很大的变化。但课程标准只有一本，因此，我们教师需要深入地研究课标，特别是2017年版课程标准在2020年进行了修订，对于修订的内容，我们教师要去重点研读和思考。

例如，有机大题的考点相对固定，可以根据课程标准规定的学业质量水平，对题目所涉及的知识内容、认知类型、核心素养类型、核心素养水平描述呈现如下表所示，并将学科核心素养进行学业质量水平的划分。

题号	知识内容	认知类型	核心素养类型	核心素养水平描述	学业质量水平
（1）①	命名	领会、推理	宏观辨识与微观探析	能运用化学符号描述常见简单物质	3-1
（1）②	官能团	辨认	宏观辨识与微观探析	能运用化学符号描述常见简单物质	2-1
（2）	化学方程式	推理	宏观辨识与微观探析、证据推理与模型认知	能依据各类物质及其反应的不同特征寻找充分的证据来解释证据与结论之间的关系	3-2
（3）	反应类型	辨认	证据推理与模型认知	能从宏观和微观结合上收集证据，能依据证据从不同视角分析问题，推出合理结论	3-1
（4）	结构式	推理	宏观辨识与微观探析、证据推理与模型认知	能依据物质的微观结构，描述或预测物质的性质和在一定条件下可能发生的化学变化	3-1
（5）	同分异构体	推理、分析	宏观辨识与微观探析	能从宏观与微观结合的视角对物质及其变化进行分类和表征	3-1
（6）	合成路线	综合、评价	科学探究与创新意识、证据推理与模型认知、宏观辨识与微观探析	能依据各类物质及其反应的不同特征寻找充分的证据；能对复杂的化学问题情境中的关键要素进行分析以建构相应的模型；能依据物质的微观结构，描述或预测物质的性质和在一定条件下可能发生的化学变化	4-2

深入研究课程标准，准确把握新课标的内容和要求，我们的教学就有了方向，准确把握高考的方向，将新课标和新教材有机地结合起来，减少教学和复习的盲目性，为高考打下良好的基础。对于我们青年教师来讲，教学经

验不足，很难把握教学的重点和难点，因此，我们更要认真研究课程标准，将旧版的课程标准与2017年版2020年修订的课程标准进行比较学习，更加明确了作为青年教师在教学中要注意的事项。

感悟三：命题促使我反思自己，提高教学能力

在新高考背景下，要求教师在教学中不能要求学生死记硬背，比如化学方程式的书写，要让学生理解方程式背后的含义原理、逻辑以及其运用方式。通过命题而去研究试题，这样可以在众多化学内容中找到学习的重点，为学生高考指明方向。但作为一线老师我们应该避免去猜题，更应该注重基础知识的教学，现在的试题对于基础知识的考查是将知识点渗透到生活情境中，现行高中化学教材注重学生的生活经验，关注学生的生活体验，这就要求我们老师要引导学生"在生活中体验，在体验中感悟，在感悟中成长"，也就是学生能结合本节课的知识，理论联系自身的实际，不仅有助于掌握知识，还能发挥育人功能。在日常教学中，我们要立足于基础，不断扩充教材，以提高学生利用化学解决问题的能力，增强学生提出问题、分析问题的能力。

每一次命题后，我都会有不同程度的提高和收获，坚持不懈地原创命题，一次又一次磨题，不断尝试，不断实践，不断反思，不断改进，这样既提升了我自身各方面的综合能力，也对我自身的成长有着重要的意义。

第四章

课题研究

课题研究可以让教师更深入地学习知识。课题研究可以让我们的生活避免重复、充满挑战和乐趣，体验到成就感，为教师开辟了一条专业成长的途径。课题研究对提高教育教学质量来说是必不可少的一个环节。教师要发展成为一名研究型教师，成为名师，一定要开展课题研究。

本章主要从课题选题、课题申报和课题实施三个方面进行了阐述。

第一节　课题选题

我曾经受江西省电化教育馆的邀请作为课题评委进行课题评审，评审过程中发现很多教师在申报的研究课题中，选题不聚焦、不清晰，是课题研究存在的一大问题，有的太过宏观，有的立意模糊，有的选题的创新性不足等。课题研究的第一步就是选什么样的题进行研究，接下来阐述课题的选题。

一、课题选题的原则

（1）选题要突出真实，不虚假。选题真实，才能在研究过程中落到实处。

（2）选题要着眼实用，与教学紧密结合。只有与我们教学紧密结合的选题，才能让我们有机会更好地开展研究，才能对我们的教育教学有所帮助。

（3）研究切入点要窄化，便于研究操作。若选题切入点太大的话，在课题研究时间（一般为两年）内，很有可能无法研究透彻。

（4）避免与别人的研究重复。我们可以用自己选题的关键词在中国知网中搜索查询，看看以往有没有人进行相关的研究，以避免与别人选题重复。

二、课题选题的途径

（1）结合自己在教学实际中遇到的问题，选择课题。

（2）从如何将先进的教育教学理念应用于实际工作中发掘课题。

（3）从对某一教育教学现象进行调查研究而形成的课题。

（4）从如何提高教育教学质量上发掘课题。

（5）从对教育教学特色的探索中提炼课题。

三、课题选题的来源

（1）课堂教学实践中所遇到的突出问题和难题。早期网络上的课件非常零散、不完整。完整的课件库往往是配相应的复习用书的，与新课标人教版同步教学的课件库还是非常少的。我就想通过网络建立一个基于网络的免费的高中化学精品课件库，并对此课件库的应用情况进行研究。例如我主持的课题"基于网络的新课标人教版高中化学课件库的建设与应用研究"。

（2）教育管理实践中遇到的难点和热点问题。在新高考的改革下，由于学生选科的原因，学生需要走班学习，为了更好地让走班制服务于教学，我参与了一个课题"广东新高考走班制下班级管理模式的创新"。

（3）从教师自身阶段性的成功、失败经验的总结、反思中提升。学科竞赛加分和保送政策改革（从2014年高考开始，参加学科竞赛的学生只有进入国家集训队才能获得保送资格，进入冬令营的学生有不高于20分加分，但不具有保送资格，省级赛区一等奖没有加分和保送资格）降低了一部分学生参加化学奥林匹克竞赛的积极性，为此，我主持了一项课题"新竞赛政策下高中化学竞赛教学的实践与研究"。

（4）从他人的课题研究成果中提炼。化学教师在教学中不喜欢做实验，很多时候都是在黑板上讲实验或者播放实验视频。化学是一门以实验为基础的学科，如果没有了具体的实验操作，学生失去了对化学实验仪器和现象的感性认识，从而减少了通过实验现象激发学生对化学学习的兴趣。在阅读文献过程中，看到其他化学老师在研究展示实验对学科教学的研究，例如我参与的课题"展示实验在高中化学教学中的案例研究——基于盐田高级中学为个案的研究"。

（5）从各种文献资料中筛选挖掘。在自己阅读文献期刊的过程中，可以看到教学工作者经常会遇到的问题，在这些问题中，寻找自己感兴趣和力所能及的点，开展一些实践研究。

（6）从本学科与信息技术等学科的交汇点上。利用化学和信息技术融合

131

的方面，可以找一些点进行研究，例如我主持的课题"基于网络的高中化学'答疑型'微课的设计和应用"。

（7）在国内外教育改革信息热点和前沿中寻找问题。优质课题的研究方向，一般追随与教育大发展趋势。因为顺"大时代"方向引领，才能摆正个人"小目标"的研究未来。比如当今教育改革的热点：新课程标准中提到的核心素养、学业质量标准，教、学、评一体化；项目式学习，大单元，大概念，学科理解等。例如我参与的课题"高中化学必修课程学业质量标准研究"。

做课题研究，选题既要有针对性和现实性，更要符合时代发展趋势。当前，新课程理念是导向，一线教师在新课程实施过程中遇到的具体问题和心中的困惑可以作为研究的对象。每个学校在课程实施中，肯定有很多共性，但是由于学校的定位和生源等原因，或多或少还存在着个体差异，所以，我们的课题选择一定要立足于"新"，否则，在众多的共性选题中就会被淘汰。

总体上来讲，题目是文章的眼睛，把研究对象、范围、方式、目的等具体到题目中，选题做到"人无我有""人有我真""人真我新"，应该算是优质有效的课题选题。

（深圳市盐田高级中学　桂耀荣）

第二节　课题申报

为了提高教师的教育科研能力，更好地服务于教育决策和教育教学改革，引领教育高质量发展，为教育教学实践提供科学指导和依据，提升教育教学行动智慧，各级教育科学规划部门每年都会开展课题申报工作。例如：全国教育科学规划课题、广东省教育科学规划课题、深圳市教育科学规划课题、盐田区教育科学规划课题，有些学校还有校级的规划课题；另外还有全国、省、市级的教育学会或者教学专业委员会也会开展课题申报工作。课题类别有重大招标课题、成果培育课题、教师发展课题、名师课题、青年课题、重点资助课题、一般资助课题、单位资助课题等。

一、课题申请书内容

申请申报填写时一定要按照相应部门下发的课题申请书的要求填写，一般课题申请书需要填写以下内容。

1. 基本信息

主要填写的是课题名称、主持人和课题成员的基本信息。

2. 主持人和课题组主要成员的代表性研究成果

主要填写的是主持人和课题组成员的代表性研究成果，如论文发表的时间和刊物名称、著作出版的单位和时间。

3. 主持人和课题组主要成员主持或参与过的课题

主要填写的是主持人和课题组成员曾经主持或参与过的课题名称、类别、批准时间、单位和完成情况，并附上相关证书、证明复印件。

4. 课题设计论证

主要填写：①课题提出背景，拟解决的核心问题，该问题所属理论范畴；②国内外研究现状述评；③本课题研究的主要内容（含核心概念界定、研究目标和内容）；④研究思路、技术路线和重要观点；⑤依托理论、研究方法、研究阶段和实施步骤；⑥预期成果成效。

5. 完成课题的基础性条件

主要填写：①已取得相关研究成果的社会评价（引用、转载、获奖及被采纳情况）及实践效果；②主要参加者的学术背景和研究经验、组成结构（如职务、专业、年龄等）；③完成课题的保障条件（如研究资料、实验仪器设备、配套经费、研究时间及所在单位条件等）；④主要参考文献。

6. 预期研究成果

主要填写主要阶段性成果的名称、形式和负责人，最终研究成果（含研究报告、论文）的名称、形式和负责人。

7. 经费概算及经费管理

主要填写本课题开展时所需要的各种费用，包括资料费、数据采集费、差旅费、会议费、设备费、专家咨询费、劳务费和印刷费等。

8. 推荐人意见

有些课题类别的申请人如果不具有高级专业技术职务，须由两名具有高级专业技术职务的同行专家推荐。推荐人须如实介绍课题负责人的科研态度、专业水平、科研能力和科研条件，并说明该课题取得预期成果的可能性。

二、撰写课题申请书需要注意的方面

针对课题申报书需要填写的内容，接下来阐述课题申报书填写过程中需要注意的主要方面。

1. 课题名称

课题名称要准确，准确就是课题的名称要把课题研究的问题是什么、研究的对象是什么、研究的方法是什么等交代清楚。课题名称要规范，规范就是所用的词语、句型要规范、科学。课题名称要简洁，不能太长。

2. 课题提出的背景、拟解决的核心问题

课题提出的背景主要指特定的时代背景，回答的问题是为什么要进行该课题的研究，该课题的研究是根据什么、受什么启发而确定的。课题拟解决的核心问题要有针对性、可操作性，这是课题研究的生命力所在。解决的重要问题与提出的背景间有着必然的、相互照应的联系，不能游离或架空。

3. 本课题国内外研究现状

采用文献资料研究的方法，通过查阅资料、搜索发现当前本课题国内外的研究现状，着重评述本课题目前存在的争论焦点，比较各种观点的异同，阐述本课题与之联系及区别，力求表现出自己课题研究的个性及特色。

4. 核心概念界定

核心概念是课题名称与方案中所表述的最重要的研究内容的聚焦。核心概念的界定通常从以下两个方面进行：一般性含义（原义解读）和在本课题中的特殊含义（操作性解读）。一般不能止于词典上的解释，而要通过概念界定提出研究者对课题的独到见解，体现研究者的思想和观点。若有两个及以上核心概念，要说清楚这多个概念间的相关性。课题的界定还包括对课题整体研究思路的解释。

5. 研究目标

课题研究的目标也就是课题最后要达到的具体目的，要解决哪些具体问题，也就是本课题研究要达到的预定目标。相对于目的而言，研究目标是分解了的、比较具体的。只有目标明确而具体，才能知道工作的具体方向是什么，才知道研究的重点是什么，思路就不会被各种因素所干扰。研究目标大致可从理论性目标、实践性目标和发展性目标三个维度，分别描述理论研究、实践研究所预期的结果状态。

6. 研究内容

研究内容是研究方案的主体，是课题研究目标的落脚点，研究内容要与课题相吻合、与目标相照应，具体回答研究什么问题，研究问题的哪些方面。研究内容围绕研究目标，富有逻辑性地切分研究内容，表述具体准确。研究内容忌面面俱到，要围绕核心概念与研究的整体思路进行思考和选择。

需要注意以下几方面：①结构完整，要回到课题名称，课题核心概念上来整体构思研究内容，尤其要围绕核心概念及其相互关系来思考，体现内容的结构化、完整性。②重点突出，在整体构思的基础上，根据课题定位，确定某几项内容为研究重点。③特色鲜明，通过内容涉及，彰显研究的特色和亮点。④内容成熟千万不能只罗列出子课题名称。研究内容可划分成基础性研究、专题性研究、案例研究三大块来设计。基础性研究主要包括调查研究、文献研究以及理论研究等，涉及研究的起点与指导思想问题。专题性研究体现研究的重点、特色和亮点，是研究的主要内容，要回到课题核心概念及相互关系上去思考，从问题出发回到实践中去发现值得研究的专题。案例研究是以案例的方式对专题研究中的相关内容展开研究。

7. 依托理论

依托理论即课题研究的理论依据。理论支撑行动，科学的理论是科学研究的保证。比如情境教学、研究性学习、项目式学习、合作学习等可以建构主义为理论依据，非智力因素、个性发展等可以人本主义为理论依据，因材施教、素质教育、教育评价、分层教学等可以加德纳多元智力理论为依据。

8. 研究方法

研究方法是完成研究任务达到研究目的的程序、途径、手段或操作规律，它具体反映"用什么办法做"。研究的方法服从于研究的目的，也受具体研究对象的性质、特点制约。在具体的方案设计中，要根据各时段研究内容的不同选择不同的方法，尽可能地写明怎样使用这种方法和用这种方法做什么。常用的研究方法有：观察法、实验法、调查法、文献法、经验总结法、个案分析法、行动研究法、比较法、解剖麻雀法等。

9. 实施步骤

实施步骤就是课题研究在时间和顺序上的安排。一般划分为三个阶段：前期准备阶段、中期实施阶段、后期总结阶段。每一个阶段有明显的时间设定，从什么时间开始，到什么时间结束都设定好，要有详尽的研究内容安排、具体的目标落实，从而保证研究过程的环环紧扣，有条不紊、循序渐进。

10. 预期成果

预期成果就是本课题研究拟取得什么形式的阶段研究成果和终结研究成果。形式有很多，如调查报告、实验报告、研究报告、论文、经验总结、调查量表、测试量表、微机软件、教学设计、录像带等，其中调查报告、研究报告、论文是课题研究成果最主要的表现形式。

课题研究意义是多方面的。第一，对个人而言。课题作为评职加分项之一，不少作者申报或者参与课题研究是为了能在评职称时获得更多加分，从而提升个人评职称竞争力；还有一部分作者申报课题是为了升职加薪；或是提升个人在行业中的知名度等。第二，对社会而言。各行各业的发展，需要所在行业人员共同努力。而课题的存在就是针对某个地区、某个行业，某项技术手段，以及行业中出现的各种问题而设置的。希望通过各行业人员针对这些问题组建课题研究小组，解决行业中、社会中存在的问题，助力各行业发展。

（深圳市盐田高级中学　桂耀荣）

第三节　课题实施

做一名"有扎实学识"的教师是新时代对教师的要求。"让教师成为研究者"也不仅仅是一句口号，在教师专业发展日益受到重视的今天，成为一个懂课题、会研究的教师，是时代的需要，也是教师自身专业发展的必然要求。

我们成功申请课题之后，接下来就需要认认真真开展课题研究了，为了让课题有序顺利进行，课题实施过程中包含了三个重要环节：课题开题、中期汇报、课题结题。重视教科研的学校的教科室会邀请评审专家，将全校的课题放在同一时间段进行课题开题、中期汇报和课题结题。开展课题研究少的学校的老师进行课题开题、中期汇报和课题结题要么自行邀请专家评审，或者由课题主管部门统一对所有的课题进行课题开题、中期汇报和课题结题。

接下来我结合自己开展课题实施的经验阐述课题开题、中期汇报和课题结题。

一、课题开题

我校教科室每年10月份邀请省、市、区级课题研究专家到校，组织本校本年度申请成功的所有省、市、区级课题开展课题开题工作，课题主持人撰写开题报告，并进行开题汇报。

开题报告主要包括以下五个方面。

（1）课题主持人及成员基本情况。

（2）开题活动情况简介：时间、地点、报告人、评议专家（姓名、单位、职称，不少于3人），参与人员等。这些内容可以在开题汇报之后再补充。

（3）开题报告要点：①核心概念界定、国内外相关研究简况；②研究目标、实现目标需研究的问题，针对问题的研究内容和研究方法；③研究进度、预期成果、组织分工、经费分配等（5000字以内）。

（4）专家评议要点：对开题报告进行可行性评估，并提出修改建议（800字以内）。这些内容在开题汇报之后再补充。

（5）重要变更：根据评议专家意见，对课题研究所作的重要调整。这些内容在开题汇报之后，结合评审专家的意见，如果需要调整，需在此填写，没有调整的需要，就填写无。

二、中期汇报

我校教科室每年11月份邀请省、市、区级课题研究专家到校，组织本校上一年度申请成功的所有省、市、区级课题开展课题中期汇报工作，课题主持人撰写中期检查报告书，并进行中期汇报。

中期检查报告书主要包括以下三个方面。

（1）研究工作进展情况。主要包含了已制定的工作方案、调研计划、实施情况、未来拟开展的工作、存在的问题，能否按时完成研究计划、经费使用情况等。

（2）1～2项代表性成果简介。介绍成果的基本内容、学术价值和社会影响等。

（3）专家意见摘录。这些内容在中期汇报之后再补充，主要就课题研究需要注意的问题以及如何深化研究提出建议。

如果在中期汇报之后，发现项目研究工作需推迟结题时间、调整研究方向、变更重要课题组成员等重大变更事项，需另行填报教育科研项目重要事项变更申请表。

三、课题结题

课题发起教育行政部门于每年12月份邀请省、市级课题研究专家到指定地点，组织本年度需要结题的所有课题开展结题工作，课题主持人撰写课题成果鉴定申请·审批书，汇集成果，将结题相关材料装订成册，最后进行结题汇报。

课题成果鉴定申请·审批书主要包括以下三个方面。

（1）基本情况。主要包括提交结题鉴定的成果（成果主件——研究总报告、成果简报，成果附件——简述专著、论文及其他文本成果等）、申请鉴定方式（会议鉴定、通讯鉴定）、课题组主要成员名单。

（2）工作报告（不超过2000字）。主要包括：①研究的主要过程和活动；②研究计划执行情况，课题经费使用情况；③研究变更情况（课题负责人、课题名称、研究内容、成果形式、管理单位、完成时间等）；④成果的出版、发表、采纳、转载、引用、实践情况等。

（3）成果结题成果鉴定会情况（不超过2000字）。这些内容在结题汇报之后再补充，主要包括：①成果结题成果鉴定会简况（时间、地点、听众、科研管理部门主持人）；②成果结题成果鉴定要点（论题价值、重要观点、过程评价、建议等）；③同行听众反馈意见。

四、课题管理

作为课题负责人，还要做好以下五个方面的课题管理。

（1）课题团队管理。合理分工，责任明确；专业培训，促进提高；激发动机，保持劲头；统筹协调，稳步推进。

（2）课题时间管理。科学规划，尽量落实；定期检查，反思改进。

（3）课题活动管理。精心组织，认真实施；定期活动，保持稳定；做好记录，留作资料。

（4）课题资料管理。及时收集，分类整理；专人负责，保存归档。

（5）课题经费管理。专款专用，严格控制；科学预算，适当调配；合理花费，重点突出；定期结算，心中有数。

（深圳市盐田高级中学　桂耀荣）

第五章

论文写作

教科研能力是现代教师必备的基本素质之一，撰写教育论文，既是教师教科研能力的一种具体的展示，又是不断提升教科研能力的一种有效途径和方法。撰写论文对教师专业发展和成长有非常重要的作用：第一，写作能提升教师阅读的品质；第二，写作能有效提高教师思维的质量；第三，写作能帮助教师深化对教材的认识；第四，写作能帮助教师克服专业发展的倦怠；第五，写作能扩大教师的专业影响力；第六，写作能凝聚教师人生的价值。

教师在职称评聘、各种级别名师评定和特级教师评定等方面都会需要发表一定级别和一定数量的论文。因此，在教学过程中，教师需要将一些教学成果物化成论文。

本章主要从论文投稿、论文选题和论文撰写三个方面进行了详述。

第一节　论文投稿

作为一名教师，我们除了教育教学之外，教科研工作也必不可少，其中我们就离不开撰写论文。撰写教育教学论文，是中小学教师应该具备的职业技能之一。撰写论文对于探索教育教学规律，交流工作经验，推动教育研究和教学改革，都有着十分重要的意义。很多一线教师论文写完了却不知道怎么投稿，更不知道化学教育类的杂志有哪些。论文写完只是论文发表过程中的第一步，投稿亦是关系到你论文入选及发表的重要一环，本文就此给大家介绍一些化学学科常见的期刊、投稿时刊物的选择、投稿方式、论文格式要求、论文返修的注意事项，旨在指导一线教师如何投稿论文，进而发表更多的论文。

一、常见期刊介绍

中学化学常见的期刊有《化学教育》《化学教学》《中学化学教学参考》《化学教与学》《课程·教材·教法》《实验教学与仪器》《教育与装备研究》《中学化学》《中小学实验装备》等，其中核心期刊主要有《化学教育》《化学教学》。下文主要介绍一下大家常见的四大期刊《化学教育》《化学教学》《中学化学教学参考》《化学教与学》。

《化学教育》是由中国科学技术协会主管，中国化学会、北京师范大学主办的国家级化学教育类学术期刊，全国中文核心期刊，美国化学文摘（CA）收录期刊。2014年1月起调整为半月刊，全年出版24期，其中奇数期侧重报道基础教育的化学教育及化学教师教育，偶数期侧重高等教育（本专科教育、职业教育、研究生教育、成人教育等）的化学教育。《化学教育》主要围绕化学基础学科，交流教育、教学经验和研究成果，开展关于课程、教材教法、实验技术的讨论，介绍化学和化学教学理论的新成就，报道中国国内外化学教育改革的进展和动向。《化学教育》是化学学科教育类最好的期刊，投稿有一定的难度，每月的上月刊是针对基础化学教育的。审稿周期一般3个月，但是录用后到见刊时间很长，自然排队的话，有时要近两年才见刊。

《化学教学》是教育部主管、华东师范大学主办的中等教育类期刊，主要设有"教师发展""课程教材""探索实践""案例研究""精品课例""实验教学""考试评析""命题研究""解题策略""化学史话""知识拓展""问题讨论""海外速递""科技信息"等栏目。《化学教学》也是中文核心，投稿也有一定难度，相比《化学教育》，相对来说文章的理论性没有那么强，审稿用时一般为三四个月，不过见刊快，从投出去到见刊一共半年到8个月的时间。

《中学化学教学参考》创刊于1972年，是由教育部主管、陕西师范大学主办的刊物。除了《化学教育》和《化学教学》之外，《中学化学教学参考》在全国基础化学教育界影响广泛，深受广大读者喜爱，被认为是"最接地气的期刊"，发行量在全国同类期刊中名列前茅。自2023年1月起，《中学化学教学参考》将由半月刊变更为旬刊，分别为上、中、下三旬，上旬还是以前的上月刊，比较正规的论文形式，一篇3～5页，有摘要、关键词等，一期20多篇文章，不要版面费，还有稿费，录用后到见刊还得几个月不等。下旬还是以前的下月刊，论文容易接收，论文质量一般，但是版面费很高，没有课题经费的老师不建议投稿下旬刊。中旬刊从2023年1月才开始发行，具体情况目前还未知。

《化学教与学》为江苏省教育厅主管、南京师范大学主办的全国公开发行的化学教育教学类期刊。设置教育理论与教学、课堂教学与实践、课程与教学资源等栏目。个人感觉做得比较正规，原来比不上《中学化学教学参考》，现在跟《中学化学教学参考》的上月刊差不多。他们审稿一般3个月，见刊快，一个版面200元，无稿费。

二、刊物的选择

根据自己论文的质量，进行论文投稿，一般《化学教育》《化学教学》投稿难度大一点，毕竟是核心期刊，《中学化学教学参考》上半月要求也不低，也需要有一定的创新。《化学教育》《化学教学》《中学化学教学参考》属于比较大众的期刊，里面栏目比较多，一般的化学类论文都可以投稿。还有一些专门是实验方面的期刊，比如说《实验教学与仪器》《中小学实验装备》等，实验改进、实验创新可以投这些期刊。

三、投稿方式

《化学教育》《化学教学》《中学化学教学参考》《化学教与学》都可以通过官网投稿，进入网页按照投稿流程一步步填写完成投稿。而对于一些小型期刊，我们查到的网址基本都是假的，或者部分期刊没有官方网站，所以对于一些小型期刊，需要去图书馆期刊阅览室查阅期刊，打开封面，基本就会看到投稿的方式以及邮箱。需要注意的是论文投稿一定要找到官网或者对应的邮箱，切不可相信网络上一些不认识的编辑进行投稿，谨防上当受骗。

四、论文格式要求

论文格式是读者对于一篇论文的第一印象，论文格式的好坏可以凸显内容，让人更容易了解内容的要点。对于一些比较有经验的老师可以直接根据论文格式判断这篇论文笔者书写论文时是否认真，是否在内容上存在敷衍了事，从侧面反映笔者的专业素养。

一篇排版乱七八糟的论文会影响读者的阅读兴趣，因为无法让人抓住论述的中心，如果将这样的论文投给专业期刊，被接收的机会也不大。论文格式一般包含六大要素：论文标题、论文作者署名及其单位、中文摘要及关键词、英文摘要及英文关键词、论文正文，最后是论文的参考文献。论文除了要包含如上六大要素，还要按论文格式要求对论文内容进行编辑排版，具体来说，在书写过程中，纸质格式包括许多具体细节：例如，字体，字体大小，行距和排版等基本格式设置问题；是否存在拼写错误；是否正确应用了单位和标点符号；表格、章节、公式、参考文献、技术术语的格式，科学语言的应用和书写流畅，观点的一致性等。需要注意的是不同的期刊有不同的论文格式，一般在期刊的官网可以查看到格式要求。论文格式化之后，内容条例清晰，结构一目了然。遵照论文格式撰写论文，不仅提高论文发表的机会，更是论文交流以及文献组织的需要。

五、论文的返修

论文投稿一般要经过三审，能通过一审，说明立意很新，写得也很好。一审通过后，审稿专家会给你一定的修改建议和意见，作者对编辑人员提出的问题，应认真对待，对于其中的正确意见，应虚心接受，并在文中作相应修改。对于不能接受的意见，应在复信中说明情况与理由。返修的回复信一般有一定时间期限，如果由于各种原因导致没有在规定时间内修改完论文，可以与杂志社通过电话或者邮件沟通。

（深圳市盐田高级中学　程果）

第二节 论文选题

在撰写论文之前，我们最先面临的问题便是"写什么"。当然，不少老师已经有了一些选题的经验，很容易找到写作的方向。然而，还有更多的老师只是有写作的热情或需要却不知从何处着手。通过对各大期刊文献的了解及自身经验的整理，我们将论文选题的来源分为"文本材料"与"教学实践"这两大方面，下文将围绕这两个方面展开论述，以期为老师们提供有益参考。

一、文本材料

1. 文献

文献主要包括书籍、学位论文、期刊论文等，文献既能帮助老师们在教育教学过程中解决或解答某些问题，也能为大家指明写作的方向。当你对某项理论或是某个教学主题比较感兴趣时，可以检索出与之相关的文献并进行研读。在此基础上，你可以形成一篇关于该理论或该教学主题的文献综述论文。值得一提的是，即使不写文献综述，研读文献也能让你对某个领域非常熟悉，由此你便能轻易知晓该领域的研究热点或空缺，进而明确论文选题。譬如，笔者检索并研读了NOS-PCK（科学本质学科教学知识）的相关论文，得知国内关于该领域的研究相对较少，且国外的研究目前还缺乏测查工具及案例，由此撰写了《国外科学教师的科学本质学科教学知识研究进展述评》与《新手化学教师NOS-PCK的调查研究》这两篇文章。

2. 课标与教材

自《普通高中化学课程标准（2017年版）》颁布以来，化学教育教学及其研究可谓发生了翻天覆地的变化。新旧课标的对比、新课标的解读、学习新课标的感想等都可成为写作主题。与课标的变化相呼应，新教材的出现更是丰富了教师的论文选题。新旧教材或各版本教材的整体对比、具体章节或某些栏目的对比分析等都是目前的研究热点。对课标或教材的分析既可以根据经验从定性分析的角度进行，也可以借助统计工具从定量统计的角度进行。此外，除了分析高中阶段或义务教育阶段的课标与教材，教师还可尝试寻找初、高中在课标或教材方面的关联，从初、高中衔接或整体育人的角度撰写论文。

3. 试题

最受重视的试题无疑是高考真题，对高考试题的对比分析可以从年份或地区的角度进行。也有不少教师基于某个理论或某种独特的视角，只分析某一套真题或是某种题型，这同样值得我们借鉴参考。除了高考真题，对合格考真题、中考真题、模拟题甚至是个人原创试题的分析都值得关注，都可以成为你的论文选题。例如桂耀荣老师结合深圳市高考化学模拟命题比赛中的命题经历，呈现模拟试题的命制过程，并对所命制的试题进行综合评析，从而发表了文章《高考化学工艺流程模拟试题的命制、分析与评价》。

二、教学实践

1. 课例

无论执教哪个学段，你都上了无数节课，这些课有的很常规，也有些不乏亮点。事实上，将一节自我感觉较好的课（尤其是公开课）进行打磨，很容易形成教学设计类或教学实践类论文。需要注意的是，当你选择以课例为论文选题对象时，最好能找到与该课例相匹配的教学理论或亮点。教学理论的支撑既能让课例本身更符合教育教学规律，又使得论文整体上具备一定的高度，而亮点则使文章更具可读性。譬如，申燕老师在评课活动中重点关注了"金属的化学性质"这节课，而后与老师们继续打磨，围绕"实验探究"

的亮点，将该课的教学设计以及教学效果进行整理，撰写成《在实验探究中发展化学核心素养和关键能力——以"金属的化学性质"为例》一文。

2. 实验

化学是一门以实验为基础的学科，中学化学课程中涉及不少必做实验与趣味实验，对这些实验的深入分析可以形成颇具借鉴意义的论文。实验常常包括目的、原理、装置（仪器与试剂）、操作、现象、分析、结论等多个部分，较常见的实验类论文便是对装置进行改进。譬如，程果老师发表了文章《两则普通过滤实验装置的改进》《微型干燥管的制作及其在实验中的应用》，林娟老师发表了文章《氢氧化亚铁制备演示实验改进》。从装置入手，还可探讨某些仪器的妙用，如桂耀荣老师发表了文章《注射器在中学化学实验创新中的妙用》等。此外，结合大学化学的相关知识，对中学化学实验中的某些看似"异常"的现象进行分析，抑或对某些实验的可商榷之处进行讨论，都是很好的选题方向。

3. 问题或心得

课例和实验只是教学实践的一部分，老师们的工作时间更多要花在常态化授课、课后交流、作业批改等事务上，而这些事务同样能为大家的论文选题提供素材。当学生对某个知识点难以理解时，当不同班级的作业质量有所区别时，当你发现自己难以讲解某个概念或某道题时……种种问题无疑影响着我们的心情，但如果能对这些问题有所研究，下定决心解决它们，诸如"……的问题及对策"等一篇篇论文亦能水到渠成。另外，无论是教学过程中自己总结出来的一些心得体会，还是一些突发奇想，都可以尝试着写成经验类论文。此外，一场场优质讲座，一次次科组研讨，都会让你的研究思路更加开阔，选取适合自己的论文题目，让教研生涯更加丰富多彩。

参考文献：

［1］余淞发，邓峰，邓超.国外科学教师的科学本质学科教学知识研究进展述评［J］.化学教育（中英文），2020，41（1）：50-55.

［2］余淞发，邓峰，陈灵灵.新手化学教师NOS-PCK的调查研究［J］.化

学教育（中英文），2021，42（13）：54-59.

［3］中华人民共和国教育部.普通高中化学课程标准（2017年版）［S］.北京：人民教育出版社，2018.

［4］桂耀荣，申燕.高考化学工艺流程模拟试题的命制、分析与评价［J］.化学教学，2020（5）：78-83.

［5］申燕，杨显江，李迪.在实验探究中发展化学核心素养和关键能力——以"金属的化学性质"为例［J］.化学教学，2019（2）：46-50.

［6］程果，桂耀荣，范兵.两则普通过滤实验装置的改进［J］.中小学实验与装备，2020，30（3）：46-47.

［7］林娟，申燕.氢氧化亚铁制备演示实验改进［J］.中学化学教学参考，2019（7）：45-46.

［8］桂耀荣.注射器在中学化学实验创新中的妙用［J］.中学化学教学参考，2018（4）：58.

［9］程果，桂耀荣，范兵.微型干燥管的制作及其在实验中的应用［J］.中小学实验与装备，2020，30（4）：54.

（深圳市盐港中学　余淞发）

第三节　论文撰写

所谓"好的开头是成功的一半"，若你已经完成了论文选题并做好了写作的心理准备，那么完成一篇论文也只是时间问题。当然，论文的写作也需要讲究一定的技巧。下文将从"框架合理""论点明确""论据充分""逻辑自洽"这四个方面展开论述论文写作的注意事项，相信你在阅读后会对写作有更深入的认识，并以此提高论文质量与录用的概率。

一、框架合理

现阶段，各期刊的论文根据主题或内容的差别，都会有相应的框架或者说"模板"，亦即论文的大标题及其内容相对固定。譬如，问题商榷型论文的大标题通常依次是"引言""问题""商榷""建议""总结"。测查调研型论文一般包括"问题的提出（或引言/研究背景）""研究设计（含研究对象、数据收集与分析方法）""结果与讨论""结论与建议"等几个部分。而课例型论文一般涉及"问题的提出（或引言/研究背景/教学思路）""教学设计（含目标、流程、过程、意图等）""教学反思"等。若你之前对论文写作不是太了解，便可多检索研读与所选主题有关的文献（优先考虑《化学教育》《化学教学》《中学化学教学参考》等核心期刊），熟悉并模仿这些论文的框架。这并不是说写作要像"八股文"一样，而是要注意论文框架的合理性，毕竟流传至今的"模板"是经过学术界检验的，可大胆参考。当然，如果你有更好的呈现方式，也可进行尝试。

二、论点明确

从论文的整体来看，每一个标题或标题下的类目就是一个个核心论点，而具体内容中涉及的观点则为核心论点下的小论点。换言之，你需要将核心论点以标题或者类目的形式呈现给读者。如桂耀荣老师的《注射器在中学化学实验创新中的妙用》一文中，各大标题名称分别为："一、注射器在化学反应发生装置中的妙用""二、注射器在物质性质检验装置中的妙用""三、注射器在定性定量测定装置中的妙用""四、注射器在实验后环保方面的妙用"。由于第一部分的论点比较充分，桂老师还在第一个大标题下细分出以下三个小标题："1. 控制反应速率和用量""2. 滴加液体""3. 作为反应容器"。可见，当你的论点十分明确且能够体现在标题上时，读者便能够快速厘清文章思路。此外，具体内容中的一个个小论点，最好也能够分好类，体现在不同的段落中。譬如，你可以统一在每一段的开头或每一段的结尾处呈现论点，而后再进一步细谈或呈现论据等。

三、论据充分

论文（尤其是实验类论文）不能光有论点，你需要呈现与论点有关的论据（如图片、表格、数据等），这样才使得文章具备可信度。若你要写测查调研类论文，则少不了通过表格来呈现处理后的数据。值得一提的是，有时为了佐证某些观点，也可以适当呈现某些原始数据（如个别学生的主观题答案等）。若你要写的是实验类论文，则需要呈现真实的实验装置（或现象）图片。譬如，申燕等多位老师重点围绕"如何改进实验才能较为明显地呈现氢气燃烧时的淡蓝色火焰"这个问题，进行了无数次尝试，每一次实验都用心拍照、记录。正是基于这种"要有充分的论据"的意识，我们才能看到《乙醇与钠反应的实验探究与改进》一文中丰富的图片与表格。

四、逻辑自洽

写论文并不只是确定框架后将论点与论据进行拼凑，还需要注重文章的逻辑。大到各个部分的关联，小到每一句话，都不能含糊。有的论文看似内容丰富，但细读之下不难发现问题：如"问题的提出"部分常常会涉及文献综述，但作者却只是简单列举前人的研究，没有谈及这些研究与自身研究的关联；再如最后的"启示与建议"部分，每一个建议都合乎情理，但有的建议即使不做研究也可能提得出来，亦即作者没有体现出建议与其研究的关联。"逻辑自洽"意味着全文前后彼此关联、相互呼应，例如在笔者的《高中生化学认识论信念与化学学习策略及其关系研究》一文中的"研究结果与讨论"部分提道："论证维度（$\beta=0.55$，$p<0.001$）对深层学习策略具有显著性正向预测作用，这较好地支持了Liang与Lin的研究结果……"而后在"结论与建议"部分，相应地谈及："教师在进行化学教学时应注重学生化学认识论信念的培养，尤其是其中的来源维度与论证维度，以促使学生形成深层的化学学习策略……"从中可以看出自身的研究要与前人的研究"互动"，还要自成体系。此外需要注意的是，摘要与关键词虽位于文章开头，但通常都是在写完整篇文章后才加上的，这样可以更好地保证逻辑自洽。

最后，我们想以《化学教育》编辑部的朱玉军老师的一段话作为结语：

教研所得如果不形成论文、不公开发表，不经过学界广泛地研讨和检验，则可能会有局限性……当小论文写得多了，教师自身的专业素养就会相应得到提高，并能写出更高水平、更高层次的文章，进而可以写出专著，同时教研能力和教学水平也会得到提升。

参考文献：

［1］桂耀荣.注射器在中学化学实验创新中的妙用［J］.中学化学教学参考，2018（4）：58.

［2］申燕，徐亚婷，吴红平，等.乙醇与钠反应的实验探究与改进［J］.化学教育（中英文），2021，42（15）：94-98.

［3］余淞发，邓峰，钟媚，等.高中生化学认识论信念与化学学习策略及其关系研究［J］.化学教育（中英文），2020，41（5）：73–77.

［4］朱玉军.谈化学教育论文选题的来源及写作［J］.化学教育（中英文），2010，31（3）：102–104.

（深圳市盐港中学　余淞发）

第五章　论文写作

153

第六章

学 生 活 动

学生是学习的主体，为了激发学生学习化学的兴趣，提高教学效果，教师在教学过程可以开展项目式学习，结合学校实际，开展梦想课程；为了激发更加优秀的、学有余力的学生的潜能，教师可以引导这类学生参加化学竞赛。

本章主要从高中化学竞赛、项目式学习和梦想课程三个方面进行了详述。

第一节　高中化学竞赛

　　我是2002年参加工作的，当时执教于江西省鹰潭市第一中学，一直跟着我的师傅（江西省鹰潭市第一中学刘伟华老师）学习高中化学奥林匹克竞赛辅导工作。为了能更好地辅导高中化学奥林匹克竞赛教学，我于2006—2009年脱产读硕士研究生（有机化学专业，师从辽宁大学周铭教授）。2009年，我再次回到鹰潭市第一中学执教，除了常规的高中化学教学工作，同时开始独自辅导本校学生的高中化学奥林匹克竞赛教学。在高中化学奥林匹克竞赛教学中，我曾担任中国化学奥林匹克竞赛江西省省级培训指导教师，得到了我的恩师（江西师范大学化学化工学院徐刚教授和盛寿日教授）的大力支持与帮助。

　　2009—2017年，我指导学生在全国高中学生化学奥林匹克竞赛（决赛）获得全国金牌2枚（第30届彭灿、杨劲祺）、全国银牌9枚（第23届汪佳琪；第27届：余京男、张毅龙、胡天晧、吴伊璠、付毓珏；第30届：赵俊轩、陈子昂、吴岳），在全国高中学生化学奥林匹克竞赛（初赛）获得全国一等奖21人、全国二等奖16人、全国三等奖13人，两次担任江西省代表队领队参加全国高中学生化学奥林匹克竞赛决赛，多次受到中国化学会和江西省化学化工学会的表彰，曾多年担任江西省高中化学奥林匹克竞赛省队培训专家。为了让各位老师对高中化学竞赛有更加清晰的认识，我接下来分享高中化学竞赛方面的内容。

　　中国化学奥林匹克竞赛（CChO），简称高中化学竞赛，五大学科竞赛之一（五大学科竞赛包括：数学、物理、化学、生物、信息学），是官方认可的，并得到教育部及各级教育主管部门支持的，在国内具有广泛影响的面向在校高中学生的课外活动。

高中化学竞赛，是中国化学会主办的一项国家级赛事活动，为参加国际奥林匹克化学竞赛选拔化学人才。

高中化学竞赛考试流程分为预赛→初赛→决赛→IChO，赛制流程如下。

各省预赛：3—6月份，各省自行命题，只考理论，不考实验，一般是高考题的拔高加少量的竞赛题。获奖证书盖的是各省化学会的章，从预赛中脱颖而出的学生，将获得参加初赛的资格。从2019年开始由于政策原因大部分省份不设预赛，直接分配名额至各校参加初赛。

全国初赛：9月份，由中国化学会统一命题，只考理论，不考实验，决出省一、省二、省三等奖，获奖证书盖的是中国化学会的章。各省将在全国决赛前选出省队队员，总计340人左右（近两年省队名额不断增加，2020年为408人，2021年为438人，以后有望再度扩充），参加全国决赛。从2019年开始，化学竞赛调整全国初赛规模，参赛总人数不超过8万，各省、自治区、直辖市参加全国初赛人数不超过3000人。主要考查三大板块：化学基本原理（含分析）、基础有机化学、无机元素与晶体结构。

全国决赛（CChO）：11月份，由承办单位（大学）命题，决出一、二、三等奖，又称为金、银、铜牌，获奖证书盖的是中国化学会的章。按照国家集训队的选拔原则确定50名学生作为国家集训队成员，并获得保送资格。命题范围参考《全国高中学生化学（奥林匹克）竞赛基本要求》中的决赛基本要求。自2021年起，化学决赛不再进行实验考查。

国家队选拔：次年3月，进入集训队的50名学生首先进行短期集训，然后通过最终的测试（理论和实验），遴选出4名队员组成国家代表队，代表中国参加国际化学奥林匹克竞赛（IChO）。

国际奥赛（IChO）：次年7月，国际化学奥林匹克（IChO）是世界上规模和影响最大的中学生化学学科竞赛活动，现今已有80多个国家和地区参加，每个国家派出由4名学生、2名导师组成（其中1名导师任领队）组成国家代表队参赛。竞赛题由主办国家安排命题，各国导师会把题目译成本国语言。由

157

于各国的化学课程有所差别，在赛事开始前几个月，主办委员会会提供模拟试题。按照往年考试规则，IChO考试分为两部分：理论和实验（一般先考实验）。两场考试中间通常会安排一天时间休息，考试时长均为5小时，实验成绩占总分的40%，理论成绩占总分的60%。

自2003年开始，我国通过实施高校自主招生，探索人才选拔制度改革，允许部分高校拿出一定比例的招生名额，以选拔高考不容易被发现的有特殊才能的学生。

学科竞赛加分和保送政策改革从2014年高考开始，参加学科竞赛的学生只有进入国家集训队才能获得保送资格，进入冬令营的学生有不高于20分加分，但不具有保送资格，省级赛区一等奖没有加分和保送资格。

下面就我在化学竞赛的组织与培训方面的工作作介绍。

一、主教练负责制

每个年级化学学科有一个主教练，一般是担任理科实验班（竞赛班）的教师，专门负责该高中化学竞赛的培训、组织和协调工作。主教练根据竞赛培训的需求，聘用化学组教师担任竞赛培训的教师为教练。

二、竞赛学生的选拔与培养

根据中考成绩或者第一次月考成绩，结合学生参加高中化学竞赛的意愿，通过双向选择原则（学生选学科竞赛教师，教师选学科竞赛学生）选拔成立高中化学竞赛兴趣小组；通过近一个学期的高中化学竞赛兴趣小组的培训，遴选出高中化学竞赛小组。学校为了方便统一管理与培养，会将五大学科（数学、物理、化学、生物、信息学）竞赛的学生组建成一个竞赛班。

三、培训内容与形式

高一学生入学后，利用晚自习时间、周末或者假期时间，主教练和几位教练一起负责高中化学竞赛兴趣小组的培训，竞赛兴趣小组的上课内容主要为高中化学内容，并每隔一个月测试一次，通过多次辅导、多次测试，选拔

158

有参加高中化学竞赛潜力的学生作为高中化学竞赛小组成员。我组建的高中化学竞赛小组一般为10人左右，每个学校可以根据学校的优生数量和学生参加化学竞赛的兴趣适当增减竞赛小组的人数。参加化学竞赛人数过少，会缺少竞赛气氛和竞争氛围；参加化学竞赛人数过多，主教练没有足够精力照顾到每个学生，因为很多时候主教练要辅导无机化学、分析化学、有机化学、物理化学和实验操作等内容。针对大学化学内容，还需要利用假期，邀请大学教授来校辅导，或者带领学生去校外化学竞赛培训机构参加高中化学竞赛培训，通过和别的学校的学生一起参加化学竞赛培训，可以让竞赛组学生看看外面的竞争对手的水平，从而激发他们的竞赛潜力。

化学竞赛的内容应根据化学竞赛必须遵循的规律及特点来安排。化学辅导要有计划性、目的性、阶段性，在不同阶段有不同的目的。从总体上来看，高中竞赛分高一阶段和高二阶段。对于高一阶段应完成对高中化学教材的学习，达到高考水平；高二阶段，则是对高中化学教材内容的深化和补充，结合全国高中学生化学竞赛初赛基本要求，补讲与中学内容联系紧密的高层次的知识，以拓展学生的知识面。高中化学竞赛有别于数学竞赛、物理竞赛，高中化学竞赛内容主要考查大学化学的知识。主教练要注意把握好一个度，不能系统讲解大学的全部内容，否则学生只能囫囵吞枣，欲速则不达，得不偿失，这样会加重学生的负担。一般的做法时：在讲授中学某一专题时，适当地渗透大学知识。例如，在讲授卤族元素一章时，渗透卤素的含氧酸及其盐、卤素互化物等有关知识；讲授氧化还原反应是，渗透电极电势、化学电源等知识；讲授摩尔反应热一章时，渗透热力学定律、盖斯定律等相关知识，这样能开阔学生的视野，使学生能站在较高的起点俯视中学化学知识。

高一阶段，辅导内容的安排要形式多样。一是可按教材顺序安排，竞赛辅导作为课堂教学的补充。二是打破教材顺序，分知识块教学。高一阶段重点抓好基本概念和基本理论、基础有机化学。这两部分知识掌握了，学生就具备参加初赛的功底。进入高一暑假，开始针对全国高中学生化学竞赛初赛基本要求做全面的复习，为9月份的化学竞赛（第一次参加全国高中学生化奥林匹克竞赛初赛）做准备。

高二阶段，主教练针对全国高中学生化学竞赛初赛基本要求进行竞赛辅导，内容涉及无机化学、分析化学、有机化学和物理化学等理论知识，以及竞赛实验操作等，并开始进行高中化学竞赛试题测试与讲评。高二暑假，带领学生去校外高中化学竞赛培训机构进行培训，暑假后期，学生开始做历年高中化学奥林匹克竞赛真题训练，总结、分析并预测高中化学奥林匹克竞赛考点。

高三阶段，各省化学会9月份按照中国化学会的要求组织全省高中学生参加全国高中学生奥林匹克化学竞赛初赛，按照中国化学奥林匹克（决赛）省队队员选拔方式选拔省队成员。主教练根据学生参加高中化学奥林匹克竞赛初赛成绩，针对有希望进入省队的学生按照省队队员选拔的方式进行辅导。

如果有学生进入省队，主教练根据省队培训的要求，按照全国高中学生化学竞赛决赛基本要求协助辅导，如果有机会，也可以将竞赛学生送到化学竞赛强校或者强省，和他们的省队成员一起进行培训。11月份前后，中国化学会组织各省省队成员参加全国高中化学竞赛暨冬令营，通过冬令营的考核，决出全国一、二、三等奖（金、银、铜奖），并按照中国化学奥林匹克国家集训队选拔办法选拔50名学生作为中国化学奥林匹克国家集训队成员，国家集训队成员具有大学保送资格。

学生进入国家集训队，主教练结合历年国家队选拔要求和方式，按照国际化学奥林匹克竞赛大纲的要求进行辅导，这时候需要借助在国际化学奥林匹克竞赛国家队选拔方面有经验的大学教授的力量来辅导学生。

（深圳市盐田高级中学　桂耀荣）

第二节　项目式学习

项目式学习英文全称是Project-based Learning，简称PBL，是当前STEAM教育中最热门的一种教学模式。

一、什么是项目式学习

项目式学习的前身是20世纪初美国进步主义教育家威廉·克伯屈提出的设计教学法，主张学生基于已有的知识经验，主动构建知识体系并制订相应学习计划，围绕计划去探索实践，进而解决问题。该教学法很快在初级中学被广泛应用于教学，并随着时代发展不断拓展内涵。

项目式学习，总结起来为：以小组合作的方式进行项目实施，最终以产品形式呈现，学生在参与过程中逐渐建构知识体系、掌握必备技能、实现综合发展的教学模式。

二、项目式学习（PBL）具有哪些特征

1. 项目是真实的、有意义的，并与多学科内容深度交融

项目式学习中的问题通常是复杂且真实的，十分具有挑战性，解决起来需要依托理论，再融合多学科知识背景，耗费很长时间持续开展探究活动。

2. 学生发挥主体作用，多主体互动

在项目式学习的探究过程中，学生处于主体地位，组成多个探究小组，通力协作，自行设计探究环节，组内的每个成员密切合作，发挥共同体的作用，才能获取最佳成果。教师只是起到引导和监督的作用，不会过多参与

其中。

3. 掌握核心知识，建构知识体系

项目式学习的目的是让学生在掌握核心知识的基础上，实现新知识的迁移和在新环境中的应用，从而解决实际问题。综合来看是一个归纳总结、构建个人知识体系的过程，也是科学思维的形成过程。

4. 公示最终成果

项目式学习不同于其他教学方法的地方在于，项目探究结束时，要有可呈现的成果，呈现形式多样，可以是音视频类的多媒体作品，也可以是总结报告或小论文等。

5. 注重评价与反思

项目式学习比较重视多元化的评价，学生可以阐述探究过程及成果，自我评价，也可以小组内互评，评价包括对过程的评价和对结论的总结性评价。从评价中反思失误和收获，进而提升学习能力。

三、项目式学习和传统教学相比有哪些优势

项目式学习源自约翰·杜威的实用主义哲学教育思想，反对传统式以教师、课堂、教材为核心的教学。后来，杜威的学生克伯屈提出了设计教学法，就是项目式学习的前身。

在20世纪70年代，项目式学习引入第二语言的学习中，直到90年代，项目式学习才真正引起教育界的广泛重视。

目前，项目式学习贯穿美国各个阶段的教学中，与STEAM教育理念相得益彰。随着STEAM教育在世界各地的火热开展，项目式学习也在新型教育环境下大放异彩。

与传统教学相比，项目式学习具有以下优势：

1. 学生参与度高，学习主动性强

在项目式学习中，学生处于主体地位，相较传统教学的灌输方式，参与度更高。在探究过程中，小组内的互动、具有挑战性的项目主题，主要呈现的作品，无一不在激发学生的主动性，这都有助于提升学生的学习积极性。

学生也普遍乐于付出时间精力来解决项目中的具体问题。试验研究发现，高质量的项目式学习对学生的学习成效发挥了正向的激励作用。

2. 有助于提升自主学习能力

相较于传统教学，项目式学习过程中，教师只进行监督和引导，学生需要主动思考、挖掘解决项目需要用到的知识，并要自主消化吸收这些知识，应用在解决问题上，所以，学生在项目式学习中获得的规划能力、知识迁移能力得到很好的锻炼提升。

项目式学习一段时间后，学生已经建立一定的探究兴趣和习惯，在实际生活中更善于发现问题，设计探究项目，发挥主观能动性运用知识解决问题。

比如，观察到下雨天路边的排水现象，他们会想要弄清楚"水从哪里来，怎样的流动方式，最终归到哪里去"，并为之设计探究项目和流程，来验证自己的猜想，获得新知识，完善自己的知识体系。

3. 有助于锻炼高阶思维

项目式学习的核心是解决问题，学生需要构思解决方案，不断探究验证，获取最佳的解决方案。判断、评价、分析推理这些高阶思维能力，在项目式学习过程中得到充分的锻炼。小组探究的形式，更能让学生得到不同角度的多种解决方案，从而促使他们养成多角度看待问题的良好思维习惯，并能客观考量、对比考量多种方案的优劣点。

项目式学习让学生体验的是决策者角色，为以后的学习、工作、生活奠定基础的推理逻辑，并能够推理论证，使自己遇到任何问题都不会盲从，始终保持独立思考的清醒头脑。

4. 有助于培养团队协作和沟通能力

未来社会的精英必须具备的核心竞争力之一就是团队协作和沟通能力，这项能力在项目式学习中有充分的锻炼机会。

传统教学中教师单方面灌输或者严重依赖教材，学到的知识无法流动，活学活用。项目式学习中，小组成员间的团队协作贯穿始终，每个人都需要进行多次有效沟通，表达自己的观点，合理分工，以达到最终的成果呈现。在评价环节，通过多媒体作品的展示、书面的总结报告，更锻炼了口头表达能力和书面表达能力。

四、项目式学习能否取代传统教学

尽管项目式学习有突出独特优势，但在实践过程中，依然面临不少困境。开展项目式学习，需要优秀的师资队伍，投入时间精力筹备教学设计，如果班级人数过多，需要的指导教师也更多，对教师的专业性也会提出更高的要求。

在当前的教育环境下，项目式学习暂时无法取代传统的学科教学方式，但项目式学习是教育发展的新方向，相信在未来，可以在实际教学中得到实践落实，满足培养学生科学素养的需求。

为了让教师更加充分地理解项目式学习，结合教学实际，下面分享一个项目式学习的案例。

探秘硫酸铜晶体的生长条件

——初步认识溶解和结晶现象并掌握科学探究的方法

深圳市盐田区实验学校　李迪

（一）项目学习目标

（1）认识溶解现象，知道水是重要的溶剂；

（2）了解温度变化大小，溶液浓度以及溶剂种类等不同条件对晶体生长的影响；

（3）了解溶解度的基本含义；

（4）掌握溶质质量分数的计算方法；

（5）认识科学探究的重要性，初步掌握开展科学探究的方法和程序。

（二）项目设计意图

本单元是初中阶段化学教学的第九个单元，在整个初中阶段起着承上启下的重要作用。其重点关注学生对溶解现象的认识，然后通过实验探究溶解现象的影响因素，最后形成对溶解度和溶解度曲线的理解，即按照"认识溶解现象"→"探究溶解现象的影响因素"→"总结溶解现象及相关知识点"这样的一条逻辑主线设计单元整体教学。因此，在围绕单元展开项目设计时，需充分关注学生。

（三）具体实施环节

下表是小组成员及分工情况。

影响因素	小组成员	任务分工
硫酸铜浓度	朱海洋	探究：不饱和、饱和和过饱和溶液对硫酸铜晶体生长的影响
温度	许会琳、叶浩雯 李浩顺、吴志轩	许会琳、叶浩雯：探究降温幅度对硫酸铜晶体生长的影响
		李浩顺、吴志轩：探究降温速度对硫酸铜晶体生长的影响
溶剂及类别	滕昊、陈嘉良 刘若彤、许洁	滕昊、陈嘉良：探究溶剂的种类对硫酸铜晶体生长的影响
		刘若彤、许洁：探究溶剂的挥发性对硫酸铜晶体生长的影响

项目活动1 降温幅度和溶剂种类对硫酸铜晶体生长的影响

1. 问题探究

（1）硫酸铜晶体是如何从溶液中生长出来的？（必做）

（2）温度变化大小（即降温幅度）和溶剂种类是如何影响硫酸铜晶体生长的？（必做）

（3）如何求算常温下饱和硫酸铜溶液的溶质质量分数？（必做）

2. 学生学习过程记录

（1）实验药品：五水硫酸铜、自来水、蒸馏水、酸性水。

（2）实验仪器：托盘天平、玻璃棒、250 mL烧杯、水浴锅。

（3）酸性水的配制：在45 mL的蒸馏水中加入5 mL浓度为10%的稀硫酸，配制的溶液的pH值为5。

（4）硫酸铜溶液的配制：用托盘天平分别称取五水硫酸铜晶体25 g共9

份。其中3份加入盛有50 mL自来水的烧杯中，3份加入盛有50 mL蒸馏水的烧杯中，3份加入盛有50 mL酸性水的烧杯中，用玻璃棒搅拌至硫酸铜晶体完全溶解。

3. 实验过程

将所得的9份硫酸铜溶液分为三组进行实验。

第一组：降温幅度为100 ℃至室温（如下表）。将配制好的溶液在水浴锅中加热至100 ℃，拿出放在实验桌子上静置自然冷却24 h，然后取出烧杯中的晶体，选取其中晶体形状最好、尺寸最大的晶体作为本组的实验结果，拍照并记录实验数据。

第一组： 100 ℃至室温	第一份	溶剂为：自来水
	第二份	溶剂为：蒸馏水
	第三份	溶剂为：酸性水

第二组：降温幅度为80 ℃至室温（如下表）。将配制好的溶液在水浴锅中加热至80 ℃，拿出放在实验桌子上静置自然冷却24 h，然后取出烧杯中的晶体，选取其中晶体形状最好、尺寸最大的晶体作为本组的实验结果，拍照并记录实验数据。

第二组： 80 ℃至室温	第一份	溶剂为：自来水
	第二份	溶剂为：蒸馏水
	第三份	溶剂为：酸性水

第三组：降温幅度为60 ℃至室温（如下表）。将配置好的溶液在水浴锅中加热至60 ℃，拿出放在实验桌子上静置自然冷却24 h，然后取出烧杯中的晶体，选取其中晶体形状最好、尺寸最大的晶体作为本组的实验结果，拍照并记录实验数据。

第三组： 60 ℃至室温	第一份	溶剂为：自来水
	第二份	溶剂为：蒸馏水
	第三份	溶剂为：酸性水

4. 实验结果与数据处理

降温幅度	溶剂种类	晶体形状	晶体尺寸	
第一组 100 ℃至室温	自来水	菱形晶体	长：1.0 cm 宽：0.8 cm	面积： 0.8 cm²
	蒸馏水	菱形晶体	长：1.1 cm 宽：0.9 cm	面积： 0.99 cm²
	酸性水	菱形晶体	长：2.8 cm 宽：2.4 cm	面积： 6.72 cm²
第二组 80 ℃至室温	自来水	菱形晶体	长：0.7 cm 宽：0.5 cm	面积： 0.35 cm²
	蒸馏水	菱形晶体	长：1.0 cm 宽：0.8 cm	面积： 0.8 cm²
	酸性水	菱形晶体	长：1.6 cm 宽：1.2 cm	面积： 1.92 cm²
第三组 60 ℃至室温	自来水	菱形晶体	长：0.5 cm 宽：0.4 cm	面积： 0.2 cm²
	蒸馏水	菱形晶体	长：0.8 cm 宽：0.6 cm	面积： 0.48 cm²
	酸性水	菱形晶体	长：1.0 cm 宽：0.6 cm	面积： 0.6 cm²

第一组：降温幅度为100 ℃至室温的结晶情况

自来水　　　　　　　　蒸馏水　　　　　　　　酸性水

第二组：降温幅度为80℃至室温的结晶情况

自来水　　　　　　　蒸馏水　　　　　　　酸性水

第三组：降温幅度为60℃至室温的结晶情况

自来水　　　　　　　蒸馏水　　　　　　　酸性水

降温幅度和溶剂种类对硫酸铜晶体生长的柱状对比图：

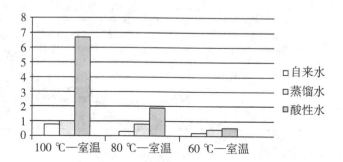

5. 实验结论

根据以上实验及对晶体形状和尺寸的测定分析后，得出在降温幅度为100℃至室温和溶剂种类为酸性水的条件下，培养出来的晶体最好。

项目活动2　降温速度和溶液浓度对硫酸铜晶体生长的影响

1. 问题探究

（1）硫酸铜晶体是如何从溶液中生长出来的？（必做）

（2）温度变化快慢（即降温速度）和溶液浓度是如何影响硫酸铜晶体生长的？（必做）

（3）如何求算常温下饱和硫酸铜溶液的溶质质量分数？（必做）

2.学生学习过程记录

（1）实验药品：五水硫酸铜、酸性水。

（2）实验仪器：托盘天平、玻璃棒、250 mL烧杯、水浴锅。

（3）酸性水的配制：在45 mL的蒸馏水中加入5 mL浓度为10%的稀硫酸，配制得溶液的pH值为5。

（4）硫酸铜溶液的配制：用托盘天平分别称取25 g五水硫酸铜3份、20 g五水硫酸铜3份和15 g五水硫酸铜3份。然后分别加入酸性水中，用玻璃棒搅拌至硫酸铜完全溶解。将所得的9份硫酸铜溶液分为三组进行实验。

第一组：降温速度为急速降温（如下表）。将配制好的溶液在水浴锅中加热至100 ℃，然后拿出放入冰水浴中急速降温，后静置24 h，再取出烧杯中的晶体，选取其中晶体形状最好、尺寸最大的晶体作为本组的实验结果，拍照并记录实验数据。

第一组：急速降温	第一份	溶质质量为：25 g
	第二份	溶质质量为：20 g
	第三份	溶质质量为：15 g

第二组：降温速度为自然降温（如下表）。将配制好的溶液在水浴锅中加热至100 ℃，拿出放在实验桌子上静置自然冷却24 h，然后取出烧杯中的晶体，选取其中晶体形状最好、尺寸最大的晶体作为本组的实验结果，拍照并记录实验数据。

第二组：自然降温	第一份	溶质质量为：25 g
	第二份	溶质质量为：20 g
	第三份	溶质质量为：15 g

第三组：降温速度为梯度降温（如下表）。将配制好的溶液在水浴锅中加热至100 ℃，然后将温度设置至80℃降温6 h，再将温度设置至60 ℃降温

169

6 h，再将温度设置至40 ℃降温6 h，最后拿出放在实验桌子上静置冷却6 h。取出烧杯中的晶体，选取其中晶体形状最好、尺寸最大的晶体作为本组的实验结果，拍照并记录实验数据。

第三组：梯度降温	第一份	溶质质量为：25 g
	第二份	溶质质量为：20 g
	第三份	溶质质量为：15 g

3. 实验结果与数据处理

降温速度	溶质质量	晶体形状	晶体尺寸	
急速降温	25 g	菱形晶体	无	无
	20 g	菱形晶体	无	无
	15 g	菱形晶体	无	无
自然降温	25 g	菱形晶体	长：1.1 cm	面积：0.77 cm²
			宽：0.7 cm	
	20 g	菱形晶体	长：0.9 cm	面积：0.54 cm²
			宽：0.6 cm	
	15 g	菱形晶体	长：0.7 cm	面积：0.35 cm²
			宽：0.5 cm	
梯度降温	25 g	菱形晶体	长：2.3 cm	面积：3.68 cm²
			宽：1.6 cm	
	20 g	菱形晶体	长：1.5 cm	面积：1.8 cm²
			宽：1.2 cm	
	15 g	菱形晶体	长：0.9 cm	面积：0.54 cm²
			宽：0.6 cm	

第二组：自然降温的结晶情况

25 g   20 g   15 g

第三组：梯度降温的结晶情况

25 g

20 g

15 g

降温速度和溶质质量对硫酸铜晶体生长的柱状对比图：

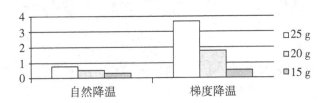

4.实验结论

根据以上实验及对晶体形状和尺寸的测定分析，得出在梯度降温和溶液浓度为25％的条件下培养出来的晶体最好。

项目活动3　溶剂挥发性对硫酸铜晶体生长的影响

1.问题探究

（1）硫酸铜晶体是如何从溶液中生长出来的？（必做）

（2）挥发性溶剂的质量是否会影响硫酸铜晶体的生长？（必做）

2.学生学习过程记录

在活动项目1和2的实验基础上，添加具有挥发性的溶剂乙醇，探究乙醇的添加量是否会影响硫酸铜晶体的生长。

挥发性溶剂的质量	晶体形状	晶体尺寸	
0 mL	菱形晶体	长：2 cm	面积：3.6 cm²
		宽：1.8 cm	
5 mL	菱形晶体	长：2.3 cm	面积：5.75 cm²
		宽：2.5 cm	

171

挥发性溶剂的质量	晶体形状	晶体尺寸	
15 mL	无规则	长：×	×
		宽：×	

3. 溶剂挥发性的结晶情况

| 0 mL | 5 mL | 15 mL |

溶剂挥发性对硫酸铜晶体生长的影响的柱状对比图：

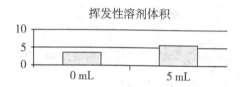

4. 实验结论

根据以上实验及对晶体形状和尺寸的测定分析后，得出在5 mL乙醇溶剂的条件下培养出来的晶体最好。

（四）实验成果展示

（1）硫酸铜晶体最佳生长条件表：

项目	最佳条件	
温度	降温幅度	80 ℃至室温
	降温速度	梯度降温
浓度	25%	
溶剂种类	酸性水	
挥发性	利用5 mL挥发性溶剂液封	

（2）最终硫酸铜晶体及其尺寸图。

（3）硫酸铜晶体的艺术品。

  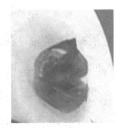

173

第三节　梦想课程

　　为了拓宽学生的视野，培训学生的兴趣、发展学生的个性，为学生搭建更广阔的成长平台，我校共开设了100门梦想课程，其中富含科技创新教育元素的有创客类和科学类社团近20个，创客类包括智造创意坊、3D创意坊、海航无人机社、机器人创意社、动漫设计社、创意编程社、VR探究社、智能汽车社团、智慧创造社、AI创意社、网络工程师成长营、海讯电视台。科学类包括物理探究社、海矾化学社、现代创客农庄、生物科技与园艺社等。

　　为了规范梦想课程，使学生学有所获，学校对梦想课程的课堂教学、任课教师和参与学生管理都有相应的要求。

　　课堂教学要求：第一，各任课教师要结合课程实际特点制订本学年的教学计划，在课前做好各项准备工作，认真备课；第二，教学内容的选择要联系时代进步与科学发展而注意更新，教学过程中，师生交流要活跃，充分体现梦想课程的拓展功能。

　　任课教师职责：第一，严格考勤，及时反馈。每次课前都要点名，做好学生出勤情况记录。教师要抓好常规管理工作，做到准时上、下课，管控好课堂纪律。第二，活动类课程在活动中须注意人身安全。在课程时间内如需带学生外出（离校）活动，指导教师须提前向教科室申请，制定活动方案，并向安全办报备。第三，每学期结束，教师要对学生做出评价，结合考核成绩及学生参与的态度、出勤情况给予综合评定。

　　学生管理要求：第一，学生要按规定时间到指定地点上课，不迟到、不早退，遵守纪律；第二，按照学校建立的课程学生名录，无故缺席者作旷课论处，缺席超过3次不给予学分；第三，学期结束，由教师结合考核成绩及参与的态度、出勤情况给予综合评定，合格者方能获得学分。

海矶化学社是我校的精品社团课程，导师由高一化学备课组老师担当，每一期（一年）的成员均由高一、高二年级热爱化学与生活的36名学生组成，每次授课90分钟。

海矶化学社主要围绕趣味化学、化学小课题、化学史、环境保护、海洋生态等方面开展形式多样、丰富多彩的室内和室外活动。

室内活动安排在海矶化学社固定的实验室，主要围绕观看化学史影片分享化学史，开展趣味化学实验分享实验成果。例如我们开展了肥皂的制备、硝酸钾粗品的提纯、从茶叶中提取咖啡因、对菠菜中色素的提取与分离、对补铁剂中铁含量的测定、叶脉书签快速制作方法、蓝瓶子实验、水果电池、美丽的玫瑰花、香甜的果冻、中药洗发水、海底花园、黄金雨、碘钟反应、食醋中总酸度的测定等。

室外活动主要是指导教师带领学生外出参观，开展环境保护、节约水资源和海洋生态等方面的教育。

指导教师带领海矶化学社全体学生在梦想课程期间乘车到大梅沙珊瑚虫海洋文化教育基地开展珊瑚虫海洋科普课堂。此次科普课堂由深圳市盐田区海洋生态环保服务中心的志愿者为学生讲授海洋中的珊瑚虫的形成过程及分布，并让学生亲身感受到了各式各样的珊瑚。

指导教师带领海矶化学社全体学生在梦想课程期间乘车到深圳水务集团盐田水质净化厂开展水质环保教育。盐田水质净化厂的工作人员首先从理论上介绍了水质净化的整个过程，然后带领学生实地参观了水质净化的各个流程，让学生更加切身地体会到在以后的生活中要更加珍惜水资源，节约用水。

指导教师带领海矶化学社全体学生在梦想课程期间乘车到深能环保盐田垃圾发电厂进行参观。此次科普教育是由深能环保盐田垃圾发电厂的专业讲解员进行讲解。讲解员从垃圾处理的意义、垃圾处理方法、垃圾分类等方面讲解，并带领学生实地参观了垃圾处理的中控室和处理过程，让学生了解到生活中产生的垃圾会去向何方，也让学生体会到垃圾分类对环保的贡献以及对社会产生的价值。

通过这些科普活动，海矾化学社的老师和学生都受益匪浅，讲解员专业的讲解能力给老师和学生都留下了深刻的印象。

（深圳市盐田高级中学　桂耀荣）

第七章

助力他人

为了更好地发挥名师的引领、示范和辐射作用，带动骨干教师和青年教师快速成长，各省、市、县（区）教科院（教研室）特成立名师工作室，并将工作室发展成为集教学、教科研、培训于一体的名师工作室。

本章主要从工作室建设、工作室活动、以老带新和网络研修四个方面进行了详述。

 深圳市盐田区中学化学学科
桂耀荣
名师工作室
深圳市盐田区教育局
二〇二〇年十一月

第一节　工作室建设

本人于2020年11月初申报了深圳市盐田区第三批中小学名师工作室主持人。2020年11月底，深圳市盐田区教育局对申报的盐田区第三批中小学名师工作室主持人进行了考核评选，经局党组研究，最终我和其他六位老师被确认为盐田区第三批中小学名师工作室主持人。

本名师工作室由三部分人员组成。一是挂牌名师（深圳市盐田高级中学桂耀荣），主持工作室的全面工作，是工作室的责任人；二是工作室成员4名（深圳市盐田高级中学林娟、深圳市盐港中学吴红平、盐田区外国语学校黄润、盐田区实验学校李迪），由任教科目相同的骨干教师组成；三是学员6名（深圳市盐田高级中学程果、深圳市盐田高级中学朱彩霞、深圳市盐港中学余淞发、盐田区外国语学校钟云辉、盐田区外国语学校刘春燕、盐田区实验学校陈丽珊），由进行教育实习、接受培训的各级骨干教师培养对象和青年教师组成。

为更好地发挥名师的引领、示范和辐射作用，带动骨干教师和青年教师快速成长，成为集教学、教科研、培训于一体的名师工作室，根据《深圳市盐田区中小学名师工作室管理办法（试行）》（深盐教〔2020〕28号）文件精神，特制定《深圳市盐田区桂耀荣名师工作室管理办法》和《深圳市盐田区桂耀荣名师工作室发展规划》。

在名师工作室团队的管理中，首先工作室主持人一定要以身作则，分工明确，这样才能使团队成员服从负责人的安排，才能使工作室团队成员有事可做，工作室的事情有团队成员去做。其次，工作室负责人要经常组织工作室团队成员召开工作室会议，相互了解团队成员在工作室的进展情况。

笔者作为盐田区桂耀荣中学化学名师工作室主持人，除了组织工作室成员参加"核心素养为本的中学化学教学网络论坛暨培训""2021年化学高考改革及复习备考研讨会暨培训""中学化学教学研究与教研论文写作研修"等培训活动外，还带领工作室成员开展课题研究，并在深圳市跨区开展同课异构研讨活动（龙岗区王伟名师工作室和宝安区丁秋武名师工作室）。笔者在深圳市宝安中学开展了主题教研活动"新高考背景下高三化学后期复习应对策略"。本工作室的10位中青年化学教师团结协作、潜心研究初、高中化学，砥砺前行。

随着互联网的发展，随着网络研修的不断拓展与延伸，随着网络学习的不断深化，我相信，无论是网络名师工作室还是实体名师工作室，名师工作室的作用会越来越大，以点带面，最终提升全体教师的教学与教研水平。为了更好地面向未来教育、服务于化学教学，利用教学之余，笔者开通了微信公众号（"化学教与学"公众号）作为盐田区中学化学桂耀荣名师工作室的官方微信公众号（该微信公众号关注人数达7万余人）。经常将平时的教学反思、教学拾遗、教学录课（或微课）等教学资源分享到本工作室的微信公众号供全国教师和学生免费使用。本工作室的LOGO如下。

（深圳市盐田高级中学　桂耀荣）

深圳市盐田区桂耀荣名师工作室管理办法

为了更好地发挥名师的引领、示范和辐射作用，带动骨干教师和青年教师快速成长，成为集教学、教科研、培训于一体的名师工作室，根据《深圳市盐田区中小学名师工作室管理办法（试行）》（深盐教〔2020〕28号）文件精神，特制定本工作室管理办法。

第一条　名师工作室规章制度

借鉴省内外名师工作室的成功经验，结合本工作室的实际情况，建立相应的工作室规章制度，如入室审核制、常规考核制、培训制度等，全体工作室成员和学员各自遵守相应的规章制度。

第二条　名师工作室的发展方向和目标

（1）高效课堂，经常开展公开课或者听评课活动，争取在省、市级课堂教学比赛或公开课等方面有一个比较好的成绩，以赛促教。

（2）课题研究，带领每一期工作室成员和学员至少申请一项省级、市级或区级课题，以研促教。

（3）撰写论文与编写教辅，带领工作室成员和学员撰写教育教学论文，并参与一些品牌教辅书的编写，以写促教，条件成熟的话，编写相关专著。

第三条　学习与培训

（1）自我学习。工作室购买相关的教育教学书籍和期刊，工作室成员和学员阅读相关书籍和期刊，撰写读书心得并上交。

（2）请进来，走出去。除了工作室内部开展的各种培训与指导，结合本工作室的发展方向和目标，邀请一些相关专家到本工作室开展专题讲座，并带领工作室成员和学员参加一些相关的培训或者会议。

第四条　名师工作室的人员组成

名师工作室由三部分人员组成：一是挂牌名师（深圳市盐田高级中学桂耀荣），主持工作室的全面工作，是工作室的责任人；二是工作室成员4名（深圳市盐田高级中学林娟、深圳市盐港中学吴红平、盐田区外国语学校黄润、盐田区实验学校李迪），由任教科目相同的骨干教师组成；三是学员6名（深圳市盐田高级中学程果、深圳市盐田高级中学朱彩霞、深圳市盐港中学余淞发、盐田区外国语学校钟云辉、盐田区外国语学校刘春燕、盐田区实验学校陈丽珊），由进行教育实习、接受培训的各级骨干教师培养对象和青年教师组成。

第五条　名师工作室的主要职责

1. 承担成员、学员的培训和指导

实施中青年骨干教师发展计划，通过工作室平台，有针对性地对工作室成员、学员开展培训和指导工作。制订工作室成员、学员入室培训专业发展计划，通过集体备课、双向听课、说课评课、案例分析、课例开发、课题研究和巡回讲座等形式，助推成员、学员专业提升。

2. 开展教育教学研究

以工作室为平台，整合优质教育资源，着眼于盐田教育发展的重点难点问题，开展教育教学研究，每一培训周期至少确定并完成一项区级以上教科研课题。

3. 发挥名师示范和辐射作用

研究建立各类优秀教师发现机制和筛选、培养、激励机制，通过组织成员、学员上示范课、专题讲座、教学研讨等多种方式，促进本区域内中小学教师专业成长，营造让优秀教师脱颖而出的学习研究氛围。

4. 建言献策

利用自身资源优势，为教育教学改革积极向区教育主管部门、学校及有关部门建言献策。

第六条　名师工作室组成人员的主要职责

1. 主持人职责

（1）制定工作室规章制度、任期工作计划和每一期学员培训计划，并报区教育局备案。

（2）通过以师带徒方式，引领成员、学员加强师德修养，增强职业认同感和荣誉感，传授教育教学专业技能，提高综合素质。

（3）组织开展教育教学研究，周期内至少完成1篇教育教学调研报告，发表1篇教育教学论文。通过观课、听课、评课、议课等方式对工作室成员、学员进行专业指导，每年要开展2～3次区级以上教学教研活动或举办1～2次区级以上教师培训讲座（或开展教育论坛、报告会、研讨会等）。

（4）对成员、学员进行考核，建立工作室学员专业成长档案。

（5）建立工作室微信公众号，负责微信公众号的建设与维护；或在区教育局建立的网络交流平台上，负责本工作室的网页建设，上传教学资源和学员成果分享资料，成为名师工作室的动态工作站、成果辐射源和教学资源生成库。

（6）按照专款专用的原则，负责工作室资金的使用和管理，并接受上级部门审计。

2. 成员职责

（1）接受工作室主持人的专业指导和工作安排，努力提高自身综合素质和专业水平。

（2）在工作室主持人的指导下，结对帮带1～2名工作室学员。

（3）在工作室主持人的直接领导下，组织、协调工作室日常事务，完成工作室主持人分配的各项工作任务。

（4）每学年至少要上1节区级以上的公开课、研讨课，举办1次面向学科教师的专业培训讲座（或开展教育论坛、报告会、研讨会等），在本工作室研课、听课、评课不少于每学年20节，上区级以上研讨课、示范课每学年不少于1次。

（5）入室培训结业时，要完成个人专业成长报告，并公开发表至少1篇研究论文或论文在区级以上论文评比中获奖。

3. 学员职责

（1）根据个人实际，在导师指导下制订入室培训、学习工作计划，确定教育科研课题，提出明确的专业发展目标。

（2）入室培训期间按工作室主持人的要求完成规定的听课任务，并做好学习记录和案例评析，提高课堂教学水平。每学年听本工作室成员的课不少于25节，上校级以上公开课不少于2次，区级以上学科研究课不少于1次，参加其他区级以上教学教研活动不少于3次。

（3）接受工作室主持人的指导，完成工作室主持人安排的学习和研究任务。入室培训结业时，要完成个人专业成长报告，并公开发表至少1篇研究论文或论文在校级以上论文评比中获奖。

（4）帮助工作室主持人建设、维护、更新工作室网页，积极参与在线互动式教学教研活动。

深圳市盐田区桂耀荣名师工作室发展规划

为更好地发挥名师的引领、示范和辐射作用，带动骨干教师和青年教师快速成长，成为集教学、教科研、培训于一体的名师工作室，根据《深圳市盐田区中小学名师工作室管理办法（试行）》（深盐教〔2020〕28号）文件精神，特制定本工作室发展规划。

第一条　名师工作室的人员组成

名师工作室由三部分人员组成：一是挂牌名师（深圳市盐田高级中学桂耀荣），主持工作室的全面工作，是工作室的责任人；二是工作室成员4名（深圳市盐田高级中学林娟、深圳市盐港中学吴红平、盐田区外国语学校黄润、盐田区实验学校李迪），由任教科目相同的骨干教师组成；三是学员6名（深圳市盐田高级中学程果、深圳市盐田高级中学朱彩霞、深圳市盐港中学余淞发、盐田区外国语学校钟云辉、盐田区外国语学校刘春燕、盐田区实验学校陈丽珊），由进行教育实习、接受培训的各级骨干教师培养对象和青年教师组成。

第二条　名师工作室的发展方向和目标

通过集体备课、双向听课、说课评课、案例分析、课例开发、课题研究和巡回讲座等形式，助推成员、学员专业提升。以工作室为平台，整合优质教育资源，着眼于盐田教育发展的重点难点问题，开展教育教学研究，每一培训周期至少确定并完成1项区级以上教科研课题。具体的发展方向和目标如下：

（1）高效课堂，经常开展公开课或者听评课活动，争取在省、市级课堂教学比赛或公开课等方面有一个比较好的成绩，以赛促教。

（2）课题研究，带领每一期工作室成员和学员至少申请1项省级、市级或区级课题，以研促教。

（3）撰写论文与编写教辅，带领工作室成员和学员撰写教育教学论文，并参与一些品牌教辅书的编写，以写促教，条件成熟的话，编写相关专著。

第三条　学习与培训

实施中青年骨干教师发展计划，通过工作室平台，有针对性地对工作室成员、学员开展培训和指导工作。具体措施如下：

（1）自我学习。工作室购买相关的教育教学书籍和期刊，工作室成员和学员阅读相关书籍和期刊，撰写读书心得并上交，督促工作室成员和学员自我学习。

（2）请进来，走出去。除了工作室内部开展的各种培训与指导，结合本工作室的发展方向和目标，邀请一些相关专家到本工作室开展专题讲座，并带领工作室成员和学员参加一些相关的培训或者会议（线上和线下），并撰写研修心得。

（3）学习沙龙。定期召开工作室成员和学员的学习分享沙龙会，同伴学习，分享心得，促进初高中化学教学的良好衔接。

第二节　工作室活动

　　桂耀荣作为工作室主持人，除了带领工作室成员开展学习分享会、课题研究和线上线下培训，并在深圳市跨区开展同课异构研讨活动，接下来分享两次跨区（龙岗区和宝安区）同课异构活动的报道。

同课异构　大放异彩

深圳市盐港中学　余淞发

　　2021年3月16日下午，龙岗区王伟名师工作室与盐田区桂耀荣名师工作室在龙岗区横岗高级中学举办了高中化学同课异构研讨活动，授课主题为"氨气　铵盐"，邀请两区化学教师前往观摩。

　　这次活动由两位教师分别授课，两位老师授课情况介绍如下：

　　横岗高级中学的陈丽娜老师教态自然、语言简洁，注重讲练结合，并突出了价类图的重要价值。她首先通过氨气的相关的新闻视频进行导入，学生观看完视频后自然地归纳出氨气的物理性质。为了验证物理性质中的溶解性，她演示了喷泉实验，而后带着学生分析实验现象。围绕着"氮肥"的问题，陈老师介绍了氮元素的价类图，并据此关注到铵盐及其制法。她使用两个相连的矿泉水瓶演示了氨气与氯化氢的反应，引导学生类比写出氨气与其他酸反应的化学方程式，随后继续观察价类图，从化合价的视角理解氨气的催化氧化。其次在"铵盐"的学习环节，陈老师呈现了氮肥的包装袋及相关说明，从中引出铵盐的物理性质以及化学性质中的不稳定性，并演示了氯化铵的分解实验。在课堂的尾声，她再一次引导学生观察价类图，通过学生实验介绍了铵根离子的检验，最后进行了课堂小结。

盐港中学的吴红平老师善于调动课堂气氛，实验内容丰富，有较强的互动性。他以农场主的疑惑进行导入，围绕着与之相关的几个问题展开教学。学生在闻气味、观察烧杯内气体的过程中掌握了氨气的部分物理性质，与陈老师相似的是，他同样从验证氨气溶解性的角度演示了喷泉实验并引导学生分析现象背后的原理。根据氨气溶于水显碱性的事实，吴老师通过演示实验介绍了氨气与酸的反应，并让学生自行使用塑料瓶完成实验，近距离观察白烟。随后，他引导学生从化合价的角度认识氨气，播放了氨气催化氧化的视频。吴老师从喷泉实验中所使用的氨气的由来自然过渡到氨气的制备，学生完成铵盐与碱共热的实验，并从中学习了铵根离子的检验以及氨气的实验室制法。最后，学生解答了农场主的几个疑惑，吴老师予以鼓励并结课。

在评课环节，龙岗区化学教研员罗桂山老师首先对两位授课教师、两区名师工作室以及前来观摩的教师致以衷心的感谢。罗老师从学科价值的体现、真实情境的创设、实验功能的发挥等方面肯定了两位教师的展示，同时也对结课部分的优化提出改进建议。此外，罗老师根据自己多年来的教学、教研经验，给大家分享了评课时的关注点、一堂好课应当具备的特征以及教学中的注意事项等内容，干货满满。

本次同课异构研讨活动为两区名师工作室的交流搭建了平台，为新课程、新教材实施工作的落实提供了范本，促进了青年教师的快速成长，受到大家的一致认可。

同课异构　主题教研

——名师工作室联合教研

深圳市盐田高级中学　朱彩霞

2021年4月7日下午，盐田高级中学的桂耀荣名师工作室和宝安中学的丁秋武名师工作室，携手举办了高三二轮复习课同课异构课"工艺流程题解题策略"及主题为"新高考背景下高三化学后期复习应对策略"的教研分享。本次活动主要包括以下三个环节。

第一环节：同课异构　殊途同归

本次活动由宝安中学的谢煜民老师和盐田高级中学的林娟老师执教。

第一节课由谢煜民老师执教，谢老师通过课前小调查引入，在了解学生的基础上进行授课。通过三道题的工艺流程图总结出工艺流程的结构特点，进而通过例题分析解题思路："总体目标是什么？研究对象是什么？发生了什么改变（物质转化、分离提纯）？"通过例题重点分析了工艺流程中的重点环节"条件的控制"，包括温度的调节、pH值的调控、加入氧化剂等。整堂课师生互动自然、学生积极参与、讲练结合，教师及时总结、善于捕捉学生的代表性问题。

第二节课由林娟老师执教，林老师本堂课的核心是回归课本、追根溯源，通过课本中的"原型"，渗透工艺思维。林老师对工艺流程的结构特点、考查范围、答题模板、解题思路和提分策略等方面进行了概括，重点突出了"回归课本、逐级建模"这一核心环节。在这一环节中林老师首先提炼出三种工艺流程图的模型——"操作反应流"型、"物质流"型、"综合型"，进而通过例题引导、学生绘制课本中的工艺流程，逐渐体会"操作反应"型和"物质流"型工艺流程的差别与联系，并将二者进行改写，进一步分析工艺流程题的思维，逐步引导学生进行工艺流程的思维建模。

两位老师的课程设计迥异，但都对工艺流程大题进行了解构和重构，殊途同归，都达到了良好的教学效果，对于二轮"工艺流程题"复习课的教学，为老师们打开了新的思路和独特视角，也为高效备考提供了新的方法。

第二环节：颁发证书　肯定成果

在两位老师授课后，很荣幸邀请到了宝安中学（集团）教学教研部主任陈焕新，为两位老师颁发了证书，对两位老师的教学成果给予了充分的肯定。

第三环节：名师点评　备考指导

课后，名师工作室主持人桂耀荣老师首先对两位老师的课进行了点评，对两位老师的课给予了高度评价，两位老师的课设计的思路和角度虽有不同，但都充分体现出了化学核心素养，重视证据推理、模型认知以及变化观念。

其次，桂老师针对"还有60天高考，如何科学备考"进行了主题为"新高考背景下高三化学后期复习应对策略"的教研分享。他着重强调的是"考情研究，导航备考方向；思维建模，提升解题能力"，并详细地从情境、一核四层四翼、命题原则、考题分析、备考策略等方面进行了阐述。

最后，两个名师工作室的成员进行了自由交流，并合影留念。

桂耀荣名师工作室和丁秋武名师工作室携手举办的这次教研活动，促进了年轻教师的学习和成长，加强了学校间教师的交流，促进教师间互相学习和进步，为后期的高考高效备考提出了新方法、新思路。两位老师的名师工作室在培养年轻教师、帮助年轻教师成长方面，做得踏实、有成效，起到了名师引领作用，期待两位老师的名师工作室带动更多的年轻教师成长和进步！

第三节　以老带新

　　如何帮助新教师尽快地适应教育岗位，掌握先进的教育思想、教学方法，是我们教研的一个重要课题。培养和护植青年教师的成长，这个任务通常由那些有经验的老教师来承担。近几年来很多学校实施行之有效的"师徒结拜"制度，师徒结拜，教学相长，刚走上工作岗位的青年教师迅速成长，老教师在这个过程中也受到不少的教益。针对新老教师的课堂教学的教学目标、教学内容、教学方法和教学效果等方面的差异进行了一些探讨，挖掘老教师的课堂教学的经验和财富，发现新教师的课堂教学的灵气和优势，促成新老教师互相学习，让课堂教学获得创新和发展。

一、老教师的优势

　　老教师的优点很多：经验丰富，方法得当，效率高，识大体，做事不急不缓；善于沟通；能指导新老师，奉献余热。

1. 工作经验丰富，方法得当

　　老教师参加工作多年，从当初的青涩到现在的老成，练就了火眼金睛。做事有条不紊、不急不缓。从实践中得来宝贵的经验，在教学中得心应手。

　　如果面对一群新学生，老教师善于和学生打交道。适应能力强，很快和学生熟悉起来。如果是新教师，面对新学生，需要磨合的时间一般较长。

2. 驾驭课堂能力游刃有余

　　业务过硬，吃透教材教法。书本知识胸有成竹，教学方法多样灵活，对学生因材施教。

看到学生做题，就知道他们知识点掌握得牢固不牢固，学生哪些方面知识欠火候。对待学生，老教师一视同仁。对待学困生，知道一把钥匙开一把锁。

3. 甘于奉献，吃苦耐劳

老教师顾大局、识大体，在工作中甘于奉献。如果工作需要再苦再累也毫无怨言。因为他们吃惯了苦，是从困难时期走过来的。

4. 善于沟通，扬长避短

老教师善于做思想工作，善于和家长沟通，知道扬长避短。家长的要求，学生的喜忧，老教师能协调好各方面关系，几乎面面俱到，令家长打心眼里佩服。

在家访时，怎么做得体，年轻老师都向老教师请教，老教师悉心指导，年轻老师非常受益。有时，老教师带着年轻教师一起家访，给年轻教师做榜样。

5. 指导新教师，传授经验

新教师充满热情，朝气蓬勃，就像老教师年轻时一样。新教师由于没有工作经验，有时走弯路，有劲用不到点子上。有老教师无私地帮衬，新教师通常能够很快脱颖而出。

我校新教师讲公开课，都是老教师细心指导，从课堂流程到板书设计，老教师都献计献策。他们甘于奉献，不图名利。

二、新教师的优势

1. 教学态度

新教师初入岗位，无论是对待教学前的准备，教学过程，教学后的反思态度都很认真，总是一丝不苟地完成每一项教学任务。对于教学过程中的失误与缺陷，新教师能做到向老教师谦虚请教，因为有对比，新教师一般会积极地增强自己的教学技能。以我校新教师为例，有的新教师自己的课每周12节，旁听资深优秀教师的课6节。旁听期间对比反思自己的不足，学习其他老师课上的闪光点，不断充实自己。另外，每周请同事来自己的课堂上听一次课，虚心请教，认真记下同事的建议，努力改正。因为年轻，新教师对工作充满热情；因为缺乏经验，新教师对备课、改作业比老教师更加认真。而这种认真、热情正是一名优秀教师必须具备的。

2. 师生关系

新教师与学生年纪差距小，易于形成和谐的师生关系，在心灵上容易达成共鸣，建立融洽的师生关系。如此，课堂气氛更加和谐，学生更加愿意多听、多想、多说，敢问、敢辩、敢考。新教师自己在课上抛出一个问题，通过学生的表情与反应速度了解问题的合适度，换位思考，若自己是讲台下的学生，对于这个问题我会在哪些环节上产生疑惑。课下，学生在生活和情感上出现问题，因为比较了解他们这个年龄阶段的想法，加上在很多方面有共同话题，他们也愿意与新教师分享，这样新教师渐渐熟悉了每个学生的个性，有助于因材施教。

3. 可塑性，接受力

新教师对新知识、新概念、新技能的接受能力更强。新教师的自身教学模式还没有定型，可塑性很强，只要方向正确，通过去糟粕取精华的不断重复，把自己改造成能力更强的，更能适应现代教学新模式的优秀教师。以我校新教师林老师为例，在现代教育技术的整合上比老教师具有明显优势。自己备课常通过互联网学习全国各地特级教师的观摩课，熟练制作PPT，运用多媒体等。

三、新教师的劣势

1. 教学经验

新教师最明显的劣势就是教学经验不足，这个反映到教学常规与方法，班级管理，教研能力等方面。以某新教师为例，在一次教学过程中，一名学生拿出了一道高考题提问老师，这道题目虽然与该次课的内容有关但是牵涉到高二才学到的知识。该题的解题过程老师用了15分钟演示了3遍，可还是很少有学生懂，结果还导致课程内容没有上完。像这类教学事故在年轻教师的课堂上屡见不鲜。对此新教师不仅要不断丰富自己的教学理论知识，还要常听听老教师的课，提升教学过程中的应变能力。

2. 定位

新教师大都是刚走出校门就迈入校门，对教师角色知之甚少，没能正确转换自己的角色，易给自己错误的定位。某些新教师把自己的角色仅仅局限于做学生的朋友，和学生打成一片，毫无师德。在学生的心里没有老师的地位，缺乏威信。另外，还有些教师给自己的定位是一个教书匠而已，对学生的生活、情感等漠不关心，讽刺、挖苦、嘲笑、体罚，以致造成严重的师生对立。对此，一位优秀教师一定要给自己一个正确的定位，加强对教育学、心理学等知识的学习。清楚认识到自己是一个知识传播者、教学组织者、班级领导者、学校外交官、家长代理人，深刻感受教师身份的神圣。

四、如何以老带新

教学中的"以老带新"实践的主要途径是：集体备课、听课、评课、上示范课、上成功课。

集体备课：在每一个新的章节开始时，备课组必定对本章节的教学目标进行讨论研究，明确分段目标。老教师比较熟悉课程标准和教材，善于整体把握每一节课的教学目标。能准确把握教学的重点与难点，掌握本课知识与前后知识之间的内在联系，分清了解、理解、掌握和运用四个层次的具体要求，明确认知、能力和情感等方面的具体的教学目标。而新教师由于对教材整体不完全熟悉，对教学目标的准确把握比较困难。而新教师更接近学生，容易了解学生的实际情况。也给制定教学目标带来极大的方便。利用这些差异，通过集体备课，优势互补，使我们制定的教学目标既能反映课程标准精神，又切合学生实际。

听课：我们学校新教师非常重视听课。不到三年教龄的青年教师每周听师傅的课至少两节，其他老师的课至少一节。师傅听徒弟的课至少每学期30节，其他老师也在10节以上。新教师听师傅们的课，学习师傅们对教学目标的把握，对重点和难点的突破；师傅听徒弟的课，指导徒弟调度学和教的节奏，控制动和静的氛围。通过师徒的互相听课，徒弟迅速适应了高中化学教学，很快地走向了教学规范。

评课：对每一节公开课，学校必组织集体评课。先由开课人说课，然后由两位主评人详细评课。评课人直陈得失、畅所欲言，其他老师再作补充。通过说课评课，新教师很快地学会了如何组织课堂教学，启发学生的思维，如何突破重点和难点。师傅对徒弟的面对面点评，可以更好地帮助徒弟在较短时间内学会如何调节课堂气氛和教学节奏。

上示范课：在我们学校，许多老教师上课自成风格，他们的课堂教学是新教师的示范。我们提倡新教师多听老教师的课，要听不同风格的课。同时，这也给老教师提出了更高的要求——你教出的每一堂课都是示范课。因此，我们的老教师也十分注意向新教师学习，学习运用多媒体，以改变教学节奏；学习新课程体系下核心素养的落实，以适应发展的要求。

上成功课：新教师每个学期都要上汇报课，新教师每年都要上校级的汇报课或公开课。对于区一级的公开课，这是涉及我校声誉的问题，新教师必须上成一堂成功课。这种成功课，是指徒弟在师傅的指导下写出教案，经过试教，请师傅们点评，再试教，直到满意。通过这种成功课，促使新教师快速成长。

以老带新促成新教师迅速成长，也促使老教师更上一层楼。以老带新，大量的互相听课，为新教师的迅速成长铺平了道路。同时也给师傅们施加了很大的压力，这种压力不单是工作量的增加，重要的是每一节课都必须是示范课。这种压力也使师傅们获得新的发展。

所有教师能深入研究新课程体系下的核心素养的落实，认真钻研教材，尤其是老教师能准确把握教学的重点与难点，掌握本节课知识与前后知识之间的内在联系，分清了解、理解、掌握和运用四个层次的具体要求，制定各课时明确的、具体的教学目标。在教学过程中，课题的引入应做到以下几点：有效地激发学生的兴趣；概念的分析准确、透彻；定理、公式的推证简洁、严密；例题的选取具有典型性，能有效地突出本课时的重点；教学的方法多样化；学生的练习的数量和难易配备合理；小结能起到画龙点睛的作用。而新教师在这些方面稍显欠缺。

新教师的优势在于他们掌握了较好的现代教育的基本素质，普通话，电脑，虽然缺少实践经验，但懂得现代教育教学理论，工作热情高，善于和学生打成一片。

新、老教师要互相学习，取长补短。要不断学习新的教育思想、教学方法，真正树立创新教育的理念。把课堂真正变成学生的学堂。

（深圳市盐港中学　吴红平）

第四节　网络研修

　　网络研修有很多种形式，例如各种与专业发展有关的网站、微信公众号、QQ群、微信群、博客、名师网络研修工作室等。我作为一名草根高中化学教师，于2011年12月25日与江西教师网结缘，开启了我的网络研修与专业发展之旅。接下来我谈谈本人通过网络研修所取得的成效和本人通过网络研修助力其他老师所取得的成效。

一、网络研修，提高自身的专业发展

1. 化学竞赛

　　通过网络研修，认识了许多省内外知名化学竞赛教练，例如化学国际金牌教练李德文老师、浙江省慈溪市胡波老师和江苏省南京晓庄学院陈凯教授。通过与他们不断交流与学习，再结合本校的化学竞赛实际情况，通过自己的不断努力，我在化学竞赛辅导方面取得了一定的成绩：指导学生在全国高中学生化学竞赛（决赛）获得全国金牌2枚、全国银牌9枚，在全国高中学生化学竞赛（初赛）获得全国一等奖21人、全国二等奖16人、全国三等奖13人，两次担任江西省代表队领队，多次受到中国化学会和江西省化学化工学会的表彰，被评为江西省高中化学奥林匹克竞赛高级教练员，曾多年担任江西省高中化学奥林匹克竞赛省队培训专家。

2. 课题研究

　　通过网络研修，我知道了课题研究的选题、过程、步骤与方法，并参加了一些相关网络会议，然后自己尝试着主持课题研究。作为课题负责人，我于2014年上半年分别在江西省教研室和江西省电教馆顺利结题了为期两年的两个省级重点课题（"基于网络的高中化学课件库的建设与应用研究"和"新竞赛政策下高中化学竞赛教学的实践与研究"）。近两年来，参与1项深圳市教育科学规划课题，主持1项盐田区教育科学规划课题，参与1项盐田区教育规划课题。

3. 化学教学

自参加工作以来，担任备课组组长10余年，本着"以人为本，寓教于乐"的教学理念，一直承担2～4个班的高中化学教学任务，深受学生们喜欢，教学成绩突出。我经常在本校备课组磨课、听课、研讨，并通过网络与很多省内外的教师研讨课例，并积极参加省内外的化学教学方面的网络研修（如2014年湖北省淘师湾教师研修网连线本人开展高中化学网络研修），使自己在化学教学方面在一定的时间内快速提高，先后被评为鹰潭市第三批高中化学优秀青年授课教师、鹰潭市第三批中小学骨干教师、全国高中化学课改优秀教师、全国基础教育化学新课程实施优秀个人和全国中学理科信息技术及微课程实施优秀个人。

2016年以赣鄱名师的身份被《江西教育》刊登在第十期封面。近几年来，担任了深圳市（2018年5月在深圳市高二化学"同课异构"教学研讨活动中，执教题为"原电池"）和盐田区（2017年9月执教题为"一定物质的量浓度溶液的配制"）两次公开课，每个学期在盐田高级中学开展1～2次校级公开课，均获得同行的高度赞许。

在高中化学课堂教学、课件、微课和命题等比赛活动中，20余次获得省、市级奖。其中，2015年，"赣教杯"高中化学优秀教学课例展示活动获得一等奖（全省第二名），课例"最简单的有机化合物——甲烷"被江西省教育厅评为江西省2014年度"一师一优课、一课一名师"活动省级"优课"。近两年来，参加深圳市2019年高中化学教师高考模拟命题比赛获得一等奖，参加深圳市2018年高中化学教师高考模拟命题比赛获得三等奖。

总之，作为普通教师，如果没有网络研修这种模式，我只能是井底之蛙，不可能这么快地成长。作为普通教师肯定很少有机会出去学习或参加各种会议，但我可以通过网络研修与校本研修相结合的方式促进自己的专业发展。

二、网络研修，助力他人的专业发展

本人于2011年12月在江西教师网成立了化学教育工作室，于2012年4月通过了江西省教育厅的首批中小学网络研修名师工作室的认定，并利用工作室平台网络研修的方式助力了2404名江西省高中化学教师的专业发展。本工作室于2012年、2013年连续两年被评为全省中小学（幼儿园）教师远程培训优秀名师网络研修工作室。

通过网络研修工作室平台，借助本校高中化学骨干教师和校外几位化学名师，与江西省内部分高中化学教师形成教研学习共同体，从而达到本工作室提出的宗旨：免费、共享、交流、提高、创新。

2014年10月，我们以全国中小学教师信息技术应用能力提升工程为抓手，通过网络研修工作室和工作坊的平台，围绕最近非常流行的创新教学模式——微课与翻转课堂，以微课与翻转课堂在化学中的应用进行了网络研修，通过本次网络研修，参加网络研修的老师从不知道微课和翻转课堂到会制作微课、会使用YY语音听讲座，同时对翻转课堂也有了一定的认识，并希望如果自己学校有条件愿意尝试一下翻转课堂。

工作期间指导了多名大学本科实习生和优秀青年教师，在各种场合多次开展省市级公开讲座：受江西师范大学教师教育处邀请作"名师工作室经验交流""化学课程资源的获取与应用"和"网络研修与教师专业发展"等讲座；受萍乡市教研室和部分中学邀请作"高中化学奥林匹克竞赛"讲座；受鹰潭市教研室邀请作"高三化学复习命题、选题经验体会"讲座；受湖北省淘师湾邀请网络连线作"网络研修与化学专业发展"讲座。

近两年来，开展省级公开讲座两次：受江西师范大学邀请作题为"不忘初心——一位草根教师的逐梦之旅"讲座；受广东省教育学会化学教学专业委员会邀请作题为"精准定位　高效备考——基于近五年高考化学全国卷原理综合题"的讲座。

为了更好地面向未来教育，服务于化学教学，利用教学之余，曾创办化学教育网、在科学网开通博客、在江西教师网成立化学教育工作室、在微信开通了微信公众号"化学教与学"（作为深圳市盐田区化学学科桂耀荣名师工作室的官方公众号）。我目前主要运营微信公众号"化学教与学"，该微信公众号关注人数达7万余人，经常将平时的教学反思、教学拾遗、教学录课（或微课）等教学资源分享到本工作室的微信公众号（"化学教与学"公众号）供全国教师和学生免费使用。

我相信，只要我们共同努力，充分利用网络研修与校本研修相结合的这种接地气的研修形式，一定会促进我们教师的专业发展。

（深圳市盐田高级中学　桂耀荣）

第八章
教学拾遗

我们在平时的教学中，经常会碰到一些我们想当然的问题，例如物质结构中的石墨晶体中没有金属键，物质性质中的金属钠与盐酸反应一定比金属与水反应快，概念原理中的等物质的量浓度的$NaHCO_3$溶液的pH大于CH_3COONa溶液的pH，平时我们都会想当然地认为上述结论都正确，但仔细分析通过阅读文献之后，会发现这些结论都是有瑕疵的，为此，青年教师在平时教学过程中要多阅读关于化学教育方面的期刊，比如《化学教育》《化学教学》《中学化学教学参考》和《化学教与学》等。

本章主要从物质结构、物质性质和概念原理三个方面汇总了我们在教学过程中碰到的部分问题，更多教学拾遗内容，敬请关注微信公众号——化学教与学。

第一节　物质结构

对中学化学教师而言，我们在平时教学过程中，会碰到很多关于物质结构方面想当然的问题或者疑难问题，本节只列举4个问题：石墨晶体中是否含有金属键；O_3是含有极性键的极性分子；铁原子成为Fe^{2+}时失去4s还是3d能级上的2个电子呢；玩转大π键。

石墨晶体中是否含有金属键

深圳市盐田高级中学　桂耀荣

在教学中，教师和学生对石墨中是否含有金属键各持不同观点。下面我们通过四种版本（人教版、鲁科版、苏教版、沪科版）的高中化学教材关于石墨的介绍，一起来了解石墨晶体中是否含有金属键。

2019人教版高中化学选择性必修2物质结构与性质第90页相关介绍为：由于所有的p轨道相互平行而且相互重叠，使p轨道中的电子可在整个碳原子平面中运动，因此，石墨有类似金属晶体的导电性，而且，由于相邻碳原子平面之间相隔较远，电子不能从一个平面跳跃到另一个平面，所以石墨的导电性沿着石墨平面的方向。像石墨这样的晶体，是一种混合型晶体。

2004人教版高中化学选修3物质结构与性质第76页相关介绍为：由于所

有的p轨道相互平行而且相互重叠，使p轨道中的电子可在整个碳原子平面中运动，因此，石墨像金属一样有金属键、有导电性，而且，由于相邻碳原子平面之间相隔较远，电子却不能从一个平面跳跃到另一个平面，所以石墨的导电性只能沿石墨平面的方向。总之，石墨晶体中，既有共价键，又有金属键，还有范德华力，不能简单地归属于其中任何一种晶体，是一种混合晶体。

2019鲁科版高中化学选择性必修2物质结构与性质第99页相关介绍为：每个碳原子用sp^2杂化轨道与邻近的三个碳原子以共价键相结合，形成无限的六边形平面网状结构，每个碳原子还有一个与碳环平面垂直的未参与杂化的2p轨道，并含有一个未成对电子，因此能够形成遍及整个平面的大π键。正是由于电子可以在整个六边形网状平面上运动，因此石墨的大π键具有金属键的性质，这就是石墨沿层的平行方向导电性强的原因。石墨晶体中既有共价键，又有范德华力，同时石墨晶体还具有金属键的特性。这种特殊的结构决定了石墨具有某些独特的性质，可用于制造电极、润滑剂、铅笔芯、原子反应堆中的中子减速剂等。

2004鲁科版高中化学选修3物质结构与性质第90～91页相关介绍为：石墨的晶体具有层状结构，每个碳原子用sp^2杂化轨道与邻近的3个碳原子以共价键相结合，形成无限的六边形平面网状结构，每个碳原子还有一个与碳环平面垂直的未参与杂化的2p轨道，并含有一个未成对电子，因此能够形成遍及整个平面的大π键。正是由于电子可以在整个六边形网状平面上运动，因此石墨的大π键具有金属键的性质，这就是石墨沿层的平行方向导电性强的原因。石墨晶体中既有共价键，又有范德华力，同时还有金属键的特性。

2019苏教版高中化学选择性必修2物质结构与性质第84页相关介绍为：石墨晶体形成二维网状结构，层内每个碳原子以共价键与周围的三个碳原子结合，层内每个碳原子还有1个电子处于碳原子的2p轨道上。层内碳原子的这些p轨道相互平行，相邻碳原子的p轨道相互重叠，形成大π键，而这些p轨道中的电子可在整个层内运动，当施加电场时，可以沿着电场方向运动，因而石墨具有导电性。层间为分子间作用力，因此石墨晶体是一种混合晶体。

2004苏教版高中化学选修3物质结构与性质第59页相关介绍为：石墨晶体

形成二维网状结构，层内每个碳原子以共价键与周围的三个碳原子结合，还有1个电子处于碳原子的2p轨道上。层内碳原子的这些p轨道相互平行，相邻碳原子的p轨道相互重叠，形成大π键，而这些p轨道中的电子可在整个层内运动，当施加电场时，可以沿着电场方向运动，因而石墨具有导电性。

沪科版关于石墨的介绍比较简单，在这里就不罗列了。

将价键理论应用于金属晶体中讨论化学键，形成金属键的改型共价键（或电子气理论），将分子轨道理论应用于金属晶体中讨论金属键，形成金属键的能带理论。

描述金属键本质的最简单理论是"电子气理论"，该理论把金属键描述为金属原子脱落下来的价电子形成遍布整块晶体的"电子气"，被所有原子所共用，从而把所有的金属原子维系在一起。按照"电子气理论"，石墨中由于所有的p轨道相互平行而且相互重叠，使p轨道中的电子可在整个碳原子平面中运动，这些电子类似于金属原子脱落下来的价电子形成遍布整块晶体的"电子气"，被所有原子所共用。从这个角度来看，石墨中含有金属键。由于石墨中相邻碳原子平面之间相隔较远，电子不能从一个平面跳跃到另一个平面，所以石墨的导电性沿着石墨平面的方向，从这一点来说，石墨中的金属键与金属晶体中的金属键又不一样。

综上所述，石墨晶体中含有金属键，更准确地说，石墨晶体中含有类似金属键的作用力或者石墨晶体中含有金属键的特性。

O_3是含有极性键的极性分子

深圳市盐田高级中学　桂耀荣

在教与学的过程中，有些教师和学生根据2019人教版选择性必修2第二章第三节第52页"共价键有极性共价键和非极性共价键。由不同原子形成的共价键，电子对会发生偏移，是极性键，极性键中的两个键合原子，一个呈正电性（δ＋），另一个呈负电性（δ－）。电子对不发生偏移的共价键是非极性键"中的"由不同原子形成的共价键，是极性键"推断出"由同原子形成的共价键，是非极性键"，因此认为O_3中只有非极性键，并进一步得出O_3是非极性分子。

这里需要注意的是，教材中完整的描述是"由不同原子形成的共价键，电子对会发生偏移，是极性键"，教材中提到的关键句子"电子对会发生偏移"，不能断章取义，否则会得出错误结论。

2019人教版选择性必修2第二章第三节第53页资料卡片——臭氧是极性分子。文中提及：臭氧分子的空间结构与水分子的相似，其分子有极性，但很微弱，仅是水分子的极性的28%。臭氧分子中的共价键是极性键，其中心氧原子是呈正电性的，而端位的两个氧原子是呈负电性的。由于臭氧的极性微弱，它在四氯化碳中的溶解度高于在水中的溶解度

根据价层电子对互斥模型（VSEPR模型），中心氧原子的价层电子对数为3，得出VSEPR模型为平面三角形，中心氧原子为sp^2杂化，和两个端位氧原子形成两个σ键，还有1对未参与杂化的孤电子对垂直于该平面，并与两个键合氧原子各提供的1个电子形成离域π键——π_3^4（如下图），所以中心氧原子和两个端位的氧原子之间的共用电子对会发生偏移，因此为极性键。

判断分子的极性可依据分子中化学键的极性的向量和。O_3分子中化学键为极性键，分子结构为V形，所以键的极性的向量和不为0，即分子为极性分子。

综上所述，O_3是含有极性键的极性分子。

铁原子成为Fe^{2+}时失去4s还是3d能级上的两个电子呢

深圳市盐田高级中学　桂耀荣

今天在教学过程中有老师和学生问到铁原子变成亚铁离子时失去哪个能级上的电子呢？他们认为应该失去3d能级上的电子，理由是按照构造原理，3d能级比4s能级要高，应该失去3d上的电子。但他们做以下高考题时发现失去的却是4s上的电子，对此一脸迷茫。

先来看几道高考真题：

1.［2020·天津，13（1）］基态Fe原子的电子排布式为_____。

2.［2018·江苏，21A（2）］Fe^{2+}基态核外电子排布式为_____。

3.［2017·江苏，21A（1）］Fe^{3+}基态核外电子排布式为_____。

4.［2020·全国卷Ⅰ，35（1）］基态Fe^{2+}与Fe^{3+}离子中未成对的电子数之比为_____。

5.［2019·全国卷Ⅱ，35（2）］Fe成为阳离子时首先失去_____轨道上的电子。

参考答案：

1. $1s^2 2s^2 2p^6 3s^2 3p^6 3d^6 4s^2$（或［Ar］$3d^6 4s^2$）

2. ［Ar］$3d^6$（或$1s^2 2s^2 2p^6 3s^2 3p^6 3d^6$）

3. ［Ar］$3d^5$（或$1s^2 2s^2 2p^6 3s^2 3p^6 3d^5$）

4. 4 : 5

5. 4s

我们在选择性必修2物质结构与性质第一章第一节中获悉，电子填充时按照构造原理示意图（依据鲍林的近似能级图）先填充4s，再填充3d。鲍林的近似能级图可以很好地帮助我们理解电子的填充过程。

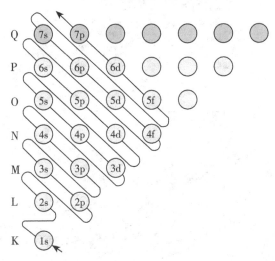

构造原理示意图

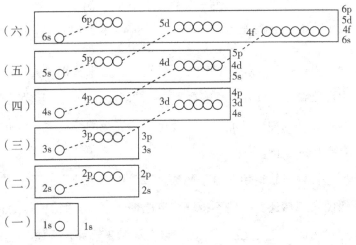

鲍林近似能级图

鲍林的原子轨道能级图是一种近似能级图，基本上反映了多电子原子核外电子填充的顺序。但必须指出的是，由于各原子轨道的能量随原子序数增加而降低，且能量降低的幅度不同，所以造成不同元素的原子轨道能级次序不完全一致。这一重要事实，在鲍林的原子轨道能级图中没有得到体现。

科顿总结了前人的光谱实验和量子力学计算结果，画出了原子轨道能量

第八章　教学拾遗

随原子序数而变化的图——科顿原子轨道能级图。

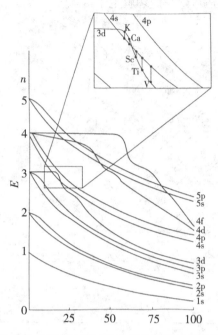

科顿原子轨道能级图（原子轨道能量和原子序数关系图）

原子失去电子时应该按照科顿原子轨道能级图来分析失去电子的能级顺序。从图中可以看出，只有原子序数为19、20的K和Ca的4s能级的能量比3d能级的能量高低，而铁原子的4s能级的能量比3d能级的能量高，因此铁原子失去的是4s能级上的两个电子。

综上所述：原子轨道填充电子的顺序按照构造原理示意图（或者说鲍林的近似能级图，当然还有一些不遵守构造原理的原子，例如Cr、Cu等；还有一些既不遵守构造原理又无法用半充满或全充满来解释，例如Nb、Ru等）；原子轨道失去电子的顺序则按照科顿原子轨道能级图。

玩转大π键

深圳市盐田高级中学　桂耀荣

1. 定域键和离域键

（1）定域键

键合电子运动局限于两个原子之间。我们高中化学教材中的σ键和π键通常可称为定域键。

例如乙烯分子中的σ键和π键的电子运动局限于两个原子（C—H、C—C）之间，这样的σ键和π键可分别称为定域σ键和定域π键。

（2）离域键

有些化合物分子或离子中的电子不仅仅局限于两个原子之间，而是在参加成键的多个原子形成的分子或离子骨架中运动，这种化学键称为离域键。

在一个平面形的多原子分子中，如果相邻原子有垂直于分子平面的、对称性一直的、未参与杂化轨道的原子轨道，那么这些轨道可以相互重叠，形成多中心π键，这种多中心π键又称为"共轭π键"或"离域π键"，简称"大π键"。

例如C_6H_6分子中相互平行的未参与杂化的p轨道，连贯重叠形成π型化学键，其p轨道电子的运动是在共轭体系的所有碳原子之间，而不是局限在两个碳原子之间，这种现象叫作离域，这样的π键称为离域π键，或共轭大π键，简称大π键。

2. 大π键的形成条件

（1）所有参与离域π键的原子都必须在同一平面内，即连接这些原子的中心原子只能采取sp或sp^2杂化；

（2）所有参与离域π键的原子都必须提供一个或两个相互平行的p轨道；

（3）参与离域π键的p轨道上的电子数必须小于2倍的p轨道数。

3. 大π键的表示方法

大π键的符号可用 Π_m^n 表示，可读为"*m*原子*n*电子大π键"。*m*为参与形成大π键的原子数，即平行的p轨道数，一般为ⅢA、ⅣA、ⅤA、ⅥA、ⅦA族的元素原子；*n*为大π键中的共用电子的个数，即平行p轨道里的电子数。

4. 大π键的判断方法

若分子中的中心原子的杂化方式是sp³杂化，形成四面体结构，不能形成p-p大π键；若分子中的中心原子的杂化方式是sp或sp²杂化，形成直线形或平面形结构，能形成p-p大π键。

5. 大π键中的电子数：电子式法

已知ⅢA、ⅣA、ⅤA、ⅥA、ⅦA族的元素原子的电子式：

ⅢA	ⅣA	ⅤA	ⅥA	ⅦA
•B•	•C•	•N•	•O•	:F•
•Al•	•Si•	•P•	•S•	:Cl•

电子式法确定大π键的电子数的步骤如下（以吡咯和吡啶为例）：

（1）根据给出的结构简式或画出结构简式，画出分子中所有的σ键，并明确形成这些σ键时，成键原子双方参与重叠的价电子。

（2）参照上述原子的电子式，标出分子中C、N原子未参与σ键的价电子，即剩余的价电子（若存在孤电子对，也要标出来）。

（3）统计参与形成大π键的电子数。在步骤（2）中形成σ键后，若只有1个单电子，则该电子参与形成大π键（例如吡啶中氮原子）；若无单电子，则最多有一对孤电子对参与形成大π键（例如吡咯中氮原子）。

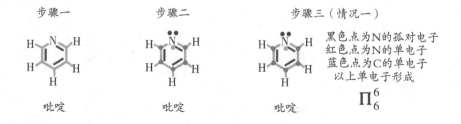

步骤一 吡啶　　步骤二 吡啶　　步骤三（情况一）吡啶
黑色点为N的孤对电子
红色点为N的单电子
蓝色点为C的单电子
以上单电子形成 Π_6^6

步骤一   步骤二   步骤三（情况二）

步骤二中的点为N的孤对电子
步骤三中的点为C的单电子
以上电子形成 Π_5^6

吡咯   吡咯   吡咯

【练习】请用电子式法分析下列微粒中的大 π 键，并正确表示大 π 键。

（1）O_3 （2）ClO_2

（3）1，3-丁二烯   （4）苯

（5）SO_2 （6）SO_3

（7）CO_3^{2-} （8）NO_3^-

（9）NO_2^- （10）BF_3

（11）（噻吩）   （12）（呋喃）

（13）（咪唑）   （14）CH^-

（15）NO_2 （16）CO_2

（17）N_5^- （18）N_2O_3

【答案】

（1）π_3^4

（2）π_3^5，不同的是，两个Cl—O间 σ 键中，有一个是由氯原子提供孤电子对的配位键

（3）π_4^4

（4）π_6^6

（5）π_3^4

（6）π_4^6，三个S—O间 σ 键中，有一个是由S原子提供孤电子对的配位键

（7）π_4^6

（8）π_4^6

（9）π_3^4

211

（10）π_4^6

（11）π_5^6

（12）π_5^6

（13）π_5^6

（14）π_5^6

（15）π_3^3

（16）两个π_3^4

（17）π_5^6

（18）π_5^6

第二节　物质性质

对中学化学教师而言，我们在平时教学过程中，会碰到很多关于物质性质方面的想当然的问题或者疑难问题，本节只列举两个问题：太空"冰雪"实验与"热袋"的科学原理；金属钠与水、盐酸反应速率快慢比较。

太空"冰雪"实验与"热袋"的科学原理

深圳市盐田高级中学　桂耀荣

"天宫课堂"第二课于2022年3月23日15时40分在中国空间站开讲，"神舟"十三号乘组航天员翟志刚、王亚平、叶光富相互配合生动演示微重力环境下太空"冰雪"实验，深入浅出讲解实验现象背后的科学原理。

太空"冰雪"实验实际上是过饱和CH_3COONa溶液结晶的过程，该结晶过程中会释放热量。中国科学院空间应用工程与技术中心研究员张璐介绍，过饱和溶液结晶需要外界"扰动"，而这个实验的"玄机"就在于小棍上沾有晶体粉末，为过饱和CH_3COONa溶液提供了凝结核，进而析出三水合乙酸钠晶体。

这种实验在太空做和在地面做有什么不同？中科院物理研究所研究员、物理学会科普工作委员会主任魏红祥分析，区别主要有两点。首先是重力的环境，在空间站是微重力环境，在这种环境下，它的结晶状况跟地面上差别还是挺大的。其次就是容器的影响。空间站里的太空"冰雪"实验是没有容器的，是一个圆球状的，在这种情况下结晶是可以往外发展的；如果在容器里面，由于受到容器的限制，它只能往内结晶，主要区别在这两点。

太空"冰雪"实验中液体球结晶外观像"冰球"，实为"热球"。

新人教版高中化学选择性必修2物质结构与性质第94页（第三章晶体结构与性质第三节共价晶体与离子晶体练习与应用）第11题：在市场上，我们会发现一种叫作"热袋"的商品。用手指搓捻塑料袋中的金属小圆片，袋中的液体会变成晶体，同时放热；待冷却后，袋中的液体全变成晶体，把热袋放在沸水中煮几分钟，袋中的晶体又变成液体；取出热袋，待冷却后再搓捻金属小圆片，袋中的液体又变成晶体，同时放热。请查阅资料回答问题：热袋里装的是什么？它为什么会放热？

科学原理：热袋里装的是CH_3COONa的过饱和溶液和金属小圆片。当一片金属放在这个过饱和溶液里面，并扭动里面的金属片所产生的轻微震动，便足以使溶质结晶，直至全部结晶完成，变成较稳定的固体。这个结晶过程是放热的过程从而使"热袋"放出热量。过饱和溶液可循环使用，只要把袋子放入沸水中加热约几分钟，凝结了的溶质便会再次溶解，这是由于在高温下，溶质的可溶性增加。在溶解的过程中，溶质进行吸热反应，再次成为过饱和溶液。

金属钠与水、盐酸反应速率快慢比较

深圳市盐田高级中学　桂耀荣

关于金属钠与盐酸或水反应速率的快慢问题，不同学者提出了不同的观点。金属钠与盐酸反应的实验研究表明：当盐酸的物质的量浓度小于0.5

mol·L⁻¹时，钠与水反应速率慢于钠与盐酸反应速率；当盐酸的物质的量浓度大于1.0 mol·L⁻¹时，钠与水反应速率快于钠与盐酸反应速率。实验过程中还观察到意外现象：当6.0 mol·L⁻¹≤c(HCl)≤8.0 mol·L⁻¹时，反应结束阶段，钠周围会出现少量白色沉淀，振荡后白色沉淀基本小时；当c(HCl)≥9.0 mol·L⁻¹时，明显观察到白色沉淀，振荡后不能消失；且盐酸浓度越大，出现沉淀越快，尤其当加盐酸的浓度达到11.0 mol·L⁻¹和12.0 mol·L⁻¹时，钠投入后迅速出现白色沉淀。这是由于NaCl在盐酸中的溶解量随盐酸浓度增加而减少。

钠、镁与冰醋酸、浓盐酸反应的实验探究表明：钠的金属活动性比镁强，但实验发现钠和镁分别与浓盐酸、冰醋酸反应，钠的反应速率都明显比后者小。吴文中老师对于这一现象的解释：钠与浓盐酸、冰醋酸反应缓慢的主要原因是受其反应产物NaCl或CH₃COONa在浓盐酸或冰醋酸中的溶解性或溶解速率小等因素所影响，钠与镁的金属活动性强弱只是影响化学反应速率的原因之一。吴文中老师同时提出影响活泼金属与水溶液反应释放出氢气反应速率的四个因素：第一，金属失去电子的难易取决于金属本身的性质——金属失去电子难易程度可以依据金属的活动性强弱判断；第二，金属离子离开阳极（金属）的快慢取决于所形成溶质的溶解性——金属阳离子离开阳极（金属）表面的快慢，主要依据金属阳离子和溶液中阴离子所组成的物质的溶解度来判断；第三，活性氢的电子的快慢取决于活性氢的活性强弱和浓度大小（一般溶液中含有活性氢的粒子主要有H_3O^+、$CH_3COOH_2^+$——来自CH_3COOH的自偶电离、CH_3COOH、NH_4^+、H_2O等，但其得电子能力有较大差异，在其浓度相同时，其中H_3O^+最容易得电子，但在其浓度差异很大的情况下，相对难以得电子的H_2O照样也能得电子）；第四，阴极材料性质对反应的影响（纯净的锌与稀硫酸难以反应，但若加入铜粉则可显著提高锌与稀硫酸的反应速率，在锌与稀硫酸反应体系中加入少许氯化汞，则锌与稀硫酸之间几乎就不能发生反应。对于这一现象，在物理化学教材中主要是用析氢超电位理论来解释，其中H_2在汞表面的超电位特别大，H_2分子难以"逃逸"。从微观角度分析就是H_2在不同金属或杂质表面"脱吸"的难易程度不一样）。

综上所述，金属钠与水、金属钠与盐酸反应速率快慢与酸的浓度大小、反应所形成产物的溶解性有关。

参考文献：

[1] 赵贤详. 金属钠与盐酸反应的实验研究 [J]. 化学教育，2017（15）：66-67.

[2] 吴文中. 钠、镁与冰醋酸、浓盐酸反应的实验探究 [J]. 化学教学，2020（4）：64-69.

第三节　概念原理

对中学化学教师而言，我们在平时教学过程中，会碰到很多关于概念原理方面的想当然的问题或者疑难问题，本节只列举五个问题：金属性与金属活动性的区别与联系；非金属性和非金属活动性的区别与联系；氧元素的非金属性和氯元素的非金属性的强弱比较；等物质的量浓度的$NaHCO_3$、CH_3COONa溶液的pH大小关系；少量的CO_2分别通入$NaClO$溶液和$Ca(ClO)_2$溶液中的化学方程式。

金属性与金属活动性的区别与联系

深圳市盐田高级中学　桂耀荣

2019人教版选择性必修2第一章第二节原子结构与元素的性质第24页思考与讨论（1）碱金属的电离能与碱金属的活泼性存在什么联系？

这里谈到的碱金属的活泼性，是指金属性还是金属活动性？首先，我们来看看金属性与金属活动性的区别和联系。

金属活动性反映的是金属单质在水溶液里失去电子形成水合离子倾向的大小，即反映金属单质在水溶液里发生氧化反应的难易程度。采用标准电极电势（物理化学中，金属的电极电势是指金属单质及其在溶液中的离子间所产生的电位差，它是衡量金属单质在溶液中还原能力大小的定量尺度）衡量金属活动性强弱。

金属性是指金属元素的气态原子失去电子变成气态阳离子倾向的大小。衡量金属性强弱的定量标准通常是电离能（气态电中性原子失去电子变成气态基态正离子所需要的能量）。元素的电离能越小，表示气态原子越容易失去电子，元素的金属性越强。应用电离能数据可以较好地解释元素周期表中元素的金属性递变规律（但有例外）。电离能的大小主要取决于原子的有效核电荷、原子半径和原子的电子构型。

简言之，金属性指的是元素原子的性质，定量判断标准是电离能；金属活动性指的是金属单质在水溶液中的性质，定量判断标准是标准电极电势。

从热力学角度来看，金属单质M在水溶液中变成水合离子$M^{n+}(aq)$的过程可分成以下几步：首先，固体金属M变成气态金属原子M(g)，所消耗的能量叫作升华能；其次，M(g)电离成气态金属离子$M^{n+}(g)$，所消耗的能量叫作电离能；最后，$M^{n+}(g)$与水分子结合形成水合离子$M^{n+}(aq)$，所释放的能量叫作水合能。（见下图）

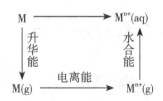

从能量变化的角度来看，金属单质M在水溶液中变成$M^{n+}(aq)$的总能量与升华能、电离能和水合能等多种因素有关，电离能只是影响因素之一，金属的电极电势就是综合考虑上述各种因素以后，用以表示金属活动性强弱的物理量。

一般来说，金属性强的元素，其单质的金属活动性也强，但有少数例外。例如，在Li、Na、K中，Li的第一电离能最大，说明锂元素的金属性最弱。但从三种元素的标准电极电势的数值来看，锂单质的电极电势最小，说明锂单质的金属活动性最强，这与Li⁺的水合能特别大有关。Na和Ca、Cu和Zn、Cu和Ag等都存在类似的金属性和金属活动性强弱不一致的情况。

总结：金属性和金属活动性是两个不同的概念，它们都有各自的衡量标准和适用范围，不可将二者混为一谈。因此2019人教版选择性必修2第一章第二节原子结构与元素的性质第24页思考与讨论（1）中的碱金属的活泼性应该指的是金属性，而不是金属活动性。

参考文献：

乔国才. 金属活动性顺序的变迁研究［J］. 中学化学教学参考，2013（4）：48-51.

非金属性和非金属活动性的区别与联系

深圳市盐田高级中学　桂耀荣

非金属性是指元素的原子得到电子的能力的强弱，是元素原子的本质属性。它的强弱只与原子结构有关，而与外界因素无关。非金属活动性是指非金属单质在化学反应中的反应能力的大小。它的强弱不仅与原子结构有关，而且受非金属单质的组成、状态等其他外部条件的影响。

在中学化学教学中，通常用元素的非金属活动性的大小来说明元素的非金属性的强弱。但是，这两个概念却有着明显的差异：

第一，主体不同。非金属性的主体是元素的原子，而非金属的活动性的主体是非金属单质。

第二，影响因素不同。非金属性是原子的本质属性。它的强弱只与原子结构（如核电荷数、核外电子排布、外层电子数、原子半径等）有关，而与外部因素无关。非金属活动性不仅与原子结构有关，还受非金属单质的组成、状态以及浓度、温度、压强等其他外部条件的影响。

第三，非金属单质的活动性不一定是氧化性，有时也可以是还原性。例如，白磷比红磷更活泼，通常是指白磷更易与氧气反应。在这里白磷是失电子的。

所以，不能说非金属越活泼，它的元素的非金属性就越强。例如，单质磷在所有的化学反应中比氮气活泼得多，是不是就说明磷的非金属性比氮的强呢？不是。这是由于氮气是双原子分子，两个氮原子之间有三个共用电子对（N≡N），键能很大，要参与化学反应，必须克服键能的阻力，因此，氮气显示出很强的化学惰性，决不能认为磷的非金属性比氮元素的强。再如硫粉与汞、银等金属反应不需要加热、而氧气与这些金属反应需要加热。这是由于浓度不同导致的，也不能说硫元素的非金属性比氧元素的强。

同样，氯气比氧气活泼，是由于它们单质的分子结构不同。氯气分子中，两个氯原子之间是单键（Cl—Cl）结构；而氧气分子中，氧氧之间是双键（O＝O）结构。

从键能来看：$E(O＝O)=117.97$ kJ/mol，$E(Cl—Cl)=57.3$ kJ/mol。可以看出，氧分子的键能较大，氯分子的键能较小。所以，氧气较稳定，而氯气较活泼。不能由此就得出结论：氯元素的非金属性比氧元素的强。此外，氧元素的另一种单质臭氧的电极电位（电极电位是表示某种离子或原子获得电子而被还原的趋势，$Cl_2 + 2e^- == 2Cl^-$　$\varphi^\ominus == + 1.36$ V、$O_3 + 2H^+ + 2e^- == O_2 + H_2O$　$\varphi^\ominus = + 2.07$ V）比氯气的大得多，在化学反应中，臭氧也显示出更强的活泼性。这就是说，非金属活动性大，并不能说明它的非金属性就强。

当然，在条件（如：组成、结构等）相同的情况下，还是可以用非金属的活动性来说明元素非金属性的。如，卤族元素的非金属性的比较等。

综上所述，非金属活动性和非金属性是两个不同的概念。

氧元素的非金属性和氯元素的非金属性的强弱比较

深圳市盐田高级中学　桂耀荣

氧元素和氯元素是非金属性仅次于氟元素的两元素，它们的非金属性的强弱一直是中学化学教学中难以讲清的问题。高中课本在介绍元素周期律和元素化合物性质时指出："在同一周期中，各元素的原子从左到右失电子能力逐渐减弱，得电子能力逐渐增强，因此同一周期各元素金属性从左到右逐渐减弱，非金属性逐渐增强。""在同一主族中，各元素的原子从上到下失电子能力逐渐增强，得电子能力逐渐减弱，因此同一族中各元素的金属性从上到下逐渐增强，非金属性逐渐减弱。"从元素周期表中可以看出，氯和氧既不同周期又不同主族（处在类似这种对角线位置的两元素的非金属性无法利用元素周期表来比较），那么，怎样比较氯元素和氧元素的非金属性强弱呢？

中学化学课本中指出："一般说来，可以从元素最高价氧化物的水化物的酸性强弱，或与氢气化合的难易程度，或与氢气生成的气态氢化物的稳定性，来判断元素非金属性的强弱。"氯气与氢气的反应在光照下就能进行；而氧气与氢气的反应在光照下不能进行，必须点燃才行。氯气与水反应在光的照射下有氧气生成，不管反应的中间过程如何，总是氯气置换出分子中的氧得到氧气。氯气与铁在加热条件下生成$FeCl_3$，氧气与铁在加热条件下生成Fe_3O_4。这些实验事实都可以看出氯气的确比氧气活泼，似乎可以得出结论：氯元素的非金属性比氧元素的强。但是，再来看氧和氯的化合物，次氯酸（HClO）中氯的化合价为+1价、氧为−2价，在氯酸（$HClO_3$）、氯酸钾

221

（$KClO_3$）及氧化氯（Cl_2O）、二氧化氯（ClO_2）等氧和氯形成的化合物中，都认为氯元素是正价、氧元素为负价，就是说氧原子的吸引电子能力比氯原子的强。这又和上面的结论相反。到底谁的非金属性强？为什么会出现这种现象？

首先，来分析一组标准电极电位（电极电位是表示某种离子或原子获得电子而被还原的趋势，标准电极电位，即标准电极电势，符号为$\varphi^{\ominus}$，指的是当温度为25 ℃，气体压强为1 atm，离子的有效浓度为1 mol·L^{-1}时测得的电位）的数据：

$$F_2 + 2e^- \!=\!=\!= 2F^- \qquad\qquad\qquad \varphi^{\ominus} = + 2.88\ V$$

$$Cl_2 + 2e^- \!=\!=\!= 2Cl^- \qquad\qquad\quad\ \varphi^{\ominus} = + 1.36\ V$$

$$O_2 + 4H^+ + 4e^- \!=\!=\!= 2H_2O \qquad\ \varphi^{\ominus} = + 1.23\ V$$

$$O_3 + 2H^+ + 2e^- \!=\!=\!= O_2 + H_2O \qquad \varphi^{\ominus} = + 2.07\ V$$

从标准电极电位可以看出，氟气的氧化性最强，氯气的氧化性比氧气的要强，而臭氧的氧化性比氯气的强。所以，氯气确实比氧气活泼，这从氯气、氧气跟氢气的反应能力已经可以证明。氯气能与松节油反应，而煤气、松节油等在臭氧中能自燃，臭氧更加活泼。

下面再来比较元素的电负性，氟的电负性为4.0，氧为3.5，氯为3.0（鲍林电负性标度，人教版选择性必修2物质结构与性质第25页）。电负性的概念是由美国化学家鲍林提出的，用来描述不同元素的原子对键合电子吸引力的大小。也就是说，电负性表示的是元素的原子吸引电子能力的相对强弱，它的大小可以比较准确地反映出元素非金属性的强弱。从电负性可以得出：氟的非金属性最强，而氧的非金属性比氯的强。

综上所述，一方面，氧元素的非金属性比氯元素的非金属性强；另一方面，氯气比氧气活泼，即元素的非金属性和非金属的活动性不一致。

等物质的量浓度的NaHCO$_3$、CH$_3$COONa溶液的pH大小关系

深圳市盐田高级中学　桂耀荣

现在流行的认识都是前者大、后者小，其判断的依据是H$_2$CO$_3$的电离常数（$K_a = 4.3 \times 10^{-7}$）比CH$_3$COOH的电离常数（$K_a = 1.8 \times 10^{-5}$）小两个数量级，所以HCO$_3^-$ + H$_2$O $\rightleftharpoons$ H$_2$CO$_3$ + OH$^-$的趋势比CH$_3$COO$^-$ + H$_2$O $\rightleftharpoons$ CH$_3$COOH + OH$^-$。

实验测量结果正好相反：0.1 mol·L^{-1} NaHCO$_3$溶液pH=8.31，0.1 mol·L^{-1} CH$_3$COONa溶液pH=8.87。

为什么在这里相同物质的量浓度更弱的弱酸钠盐溶液的pH会比相对强些的弱酸钠盐溶液的pH小呢？

问题出在处理问题的思路没有真实客观地反映问题的全貌，忽视了NaHCO$_3$还会电离（NaHCO$_3$在溶液中既会电离又会水解，只是水解强一点）。水解呈碱性，电离呈酸性，两种相反过程都在进行，两者共同作用的结果导致NaHCO$_3$溶液比CH$_3$COONa溶液的pH略小些。接下来通过定量处理，结果便会一目了然。

根据CH$_3$COO$^-$的水解平衡：

CH$_3$COO$^-$ + H$_2$O $\rightleftharpoons$ CH$_3$COOH+OH$^-$

$$\frac{c(\text{CH}_3\text{COOH}) \cdot c(\text{OH}^-)}{c(\text{CH}_3\text{COO}^-)} = \frac{K_W}{K_a}$$

$$c(\text{OH}^-) = \sqrt{\frac{c(\text{Ac}^-)K_W}{K_a}} = 9.9 \times 10^{-6}，\ \text{pH} \approx 9$$

根据NaHCO$_3$的电离平衡和水解平衡：H$_2$CO$_3$ $\rightleftharpoons$ HCO$_3^-$ + H$^+$、HCO$_3^-$ +

223

$H_2O \rightleftharpoons H_2CO_3 + OH^-$，得出质子守恒：$c(H_2CO_3) + c(H^+) = c(OH^-) + c(CO_3^{2-})$，通过科学近似，得出如下表达式：$c(H^+) = \sqrt{K_1K_2} = 4.92 \times 10^{-9}$，$pH \approx 8.33$。

以上不是等物质的量浓度的$NaHCO_3$溶液的pH小于CH_3COONa溶液的pH的全部原因。大家都有这样的化学常识——碳酸氢钠的溶解度较小。溶解度较小的原因是钠离子的电场力不能有效地破坏碳酸氢根离子间的氢键，溶解在水溶液中的碳酸氢根不全是单个$HCO_3^-(aq)$存在，还有相当一部分HCO_3^-通过离子间氢键相互缔合，保留了晶体中或长或短的链（或在溶液中动态再形成），减少了单一自由度的碳酸氢根的量，所以碳酸氢钠溶液比同浓度的醋酸钠溶液的pH小。

综上所述：等物质的量浓度的$NaHCO_3$溶液的pH小于CH_3COONa溶液的pH。

参考文献：

金建忠. 弱酸酸式盐溶液中的若干问题［J］. 中学化学教学参考，2010（1～2）：44-46.

少量的CO_2分别通入$NaClO$溶液和$Ca(ClO)_2$溶液中的化学方程式

深圳市盐田高级中学　桂耀荣

学生在书写"将少量的CO_2分别通入$NaClO$溶液和$Ca(ClO)_2$溶液中"的化学方程式时，答案通常如下：$2NaClO + CO_2 + H_2O \rightleftharpoons Na_2CO_3 + 2HClO$、$Ca(ClO)_2 + CO_2 + H_2O \rightleftharpoons CaCO_3\downarrow + 2HClO$，正确的答案是：$NaClO + CO_2 + H_2O \rightleftharpoons NaHCO_3 + HClO$、$Ca(ClO)_2 + CO_2 + H_2O \rightleftharpoons CaCO_3\downarrow + 2HClO$。为什么前者生成碳酸的酸式盐，后者生成碳酸的正盐？下面我们从平衡常数角度来

分析。

已知：$K_{a1}(H_2CO_3) = 4.3 \times 10^{-7}$，$K_{a2}(H_2CO_3) = 4.7 \times 10^{-11}$，$K_a(HClO) = 4.0 \times 10^{-8}$，$K_{ap}(CaCO_3) = 3.4 \times 10^{-9}$。

（一）少量的CO_2通入$NaClO$溶液的化学方程式

1. 若$NaClO$溶液与少量CO_2反应生成Na_2CO_3和$HClO$：

$$2ClO^- + H_2CO_3 =\!=\!= 2HClO + CO_3^{2-}$$

$$
\begin{aligned}
K_1 &= \frac{c^2(HClO) \cdot c(CO_3^{2-})}{c^2(ClO^-) \cdot c(H_2CO_3)} \\
&= \frac{c^2(HClO) \cdot c(CO_3^{2-}) \cdot c^2(H^+)}{c^2(ClO^-) \cdot c(H_2CO_3) \cdot c^2(H^+)} \\
&= \frac{K_{a1}(H_2CO_3) \cdot K_{a2}(H_2CO_3)}{K_a^2(HClO)} \\
&= \frac{4.3 \times 10^{-7} \times 4.7 \times 10^{-11}}{(4.0 \times 10^{-2})} = 0.0126
\end{aligned}
$$

2. 若$NaClO$溶液与少量CO_2反应生成$NaHCO_3$和$HClO$：

$$ClO^- + H_2CO_3 =\!=\!= HClO + HCO_3^-$$

$$
\begin{aligned}
K_2 &= \frac{c(HClO) \cdot c(HCO_3^-)}{c(ClO^-) \cdot c(H_2CO_3)} \\
&= \frac{c(HClO) \cdot c(HCO_3^-) \cdot c(H^+)}{c(ClO^-) \cdot c(H_2CO_3) \cdot c(H^+)} \\
&= \frac{K_{a1}(H_2CO_3)}{K_a(HClO)} \\
&= \frac{4.3 \times 10^{-7}}{1.0 \times 10^{-8}} = 10.75
\end{aligned}
$$

比较K_1和K_2，两者相差三个数量级，因此反应（2）比反应（1）进行的程度要大得多。所以，少量的CO_2通入$NaClO$溶液的化学方程式为$NaClO + CO_2 + H_2O =\!=\!= NaHCO_3 + HClO$。

（二）少量的CO_2通入$Ca(ClO)_2$溶液的化学方程式

1. 若$Ca(ClO)_2$溶液与少量CO_2反应生成$CaCO_3$和$HClO$：

$$Ca^{2+} + 2ClO^- + H_2CO_3 \rightleftharpoons 2HClO + CaCO_3\downarrow$$

$$K_1 = \frac{c^2(HClO)}{c^2(ClO^-)\cdot c(H_2CO_3)\cdot c(Ca^{2+})}$$

$$= \frac{c^2(HClO)\cdot c(CO_3^{2-})\cdot c^2(H^+)}{c^2(ClO^-)\cdot c(H_2CO_3)\cdot c^2(H^+)\cdot c(Ca^{2+})\cdot c(CO_3^{2-})}$$

$$= \frac{K_{a1}(H_2CO_3)\cdot K_{a2}(H_2CO_3)}{K_a^2(HClO)\cdot K_{sp}(CaCO_3)}$$

$$= \frac{4.3\times10^{-7}\times4.7\times10^{-11}}{(4.0\times10^{-8})^3\times3.4\times10^{-9}}$$

$$= 3.7\times10^6$$

2. 若$Ca(ClO)_2$溶液与少量CO_2反应生成$Ca(HCO_3)_2$和$HClO$：

$$ClO^- + H_2CO_3 \rightleftharpoons HClO + HCO_3^-$$

$$K_2 = \frac{c(HClO)\cdot c(HCO_3^-)}{c(ClO^-)\cdot c(H_2CO_3)}$$

$$= \frac{c(HClO)\cdot c(HCO_3^-)\cdot c(H^+)}{c(ClO^-)\cdot c(H_2CO_3)\cdot c(H^+)}$$

$$= \frac{K_{a1}(H_2CO_3)}{K_a(HClO)}$$

$$= \frac{4.3\times10^{-7}}{4.0\times10^{-8}} = 10.75$$

比较K_1和K_2，两者相差6个数量级，因此反应（1）比反应（2）进行的程度要大得多。所以，少量的CO_2通入$Ca(ClO)_2$溶液的化学方程式为$Ca(ClO)_2 + CO_2 + H_2O \rightleftharpoons CaCO_3\downarrow + 2HClO$。

综上所述，将少量的CO_2分别通入$NaClO$溶液和$Ca(ClO)_2$溶液中的化学方程式为$NaClO + CO_2 + H_2O \rightleftharpoons NaHCO_3 + HClO$、$Ca(ClO)_2 + CO_2 + H_2O \rightleftharpoons CaCO_3\downarrow + 2HClO$。